Fußball

Mit EM 2020 Spezial!

Die Angaben in diesem Buch sind ständigen Änderungen und Aktualisierungen unterworfen. Die enthaltenen Informationen geben, wenn nicht anders vermerkt, den Stand im November 2019 wieder.

Bibliografische Information der Deutschen Nationalbibliothek:

Die Deutsche Nationalbibliothek verzeichnet diese Publikation in der Deutschen Nationalbibliografie. Detaillierte bibliografische Daten sind im Internet über **http://dnb.d-nb.de** abrufbar.

5 4 3 2 1

© 2020 Ravensburger Verlag GmbH
Postfach 2460, 88194 Ravensburg
Alle Rechte, auch die des auszugsweisen Nachdrucks, der fotomechanischen Wiedergabe und der Übersetzung, vorbehalten.

Text: Barbara Iland-Olschewski, Stefanie Hahn
Fachliche Beratung: Marcus Olschewski
Redaktion: Claudia Fahlbusch
Gestaltung: Petra Kita
Umschlaggestaltung: Maria Seidel, atelier-seidel.de

Printed in Germany

ISBN 978-3-473-55471-3

www.ravensburger.de

Fußball

Mit **EM 2020**
Spezial!

STARS
REKORDE
FAKTEN

Ravensburger

Inhalt

Das Spiel

Anstoß in England

Aus verschiedenen Jahrhunderten und weit verstreuten Teilen der Welt gibt es Belege dafür, dass Menschen sich schon seit langer Zeit für Ballsportarten begeistern, die Gemeinsamkeiten mit Fußball und Rugby aufweisen. Manche solcher Spiele waren Teil von bestimmten Festen und Zeremonien, andere wurden als Wettbewerbe ausgetragen oder galten als reine Freizeitbeschäftigung. Doch der Startschuss für das Fußballspiel, wie wir es heute kennen, fiel in England.

Das Eton Wall Game diente möglicherweise als Anregung für das „Quidditch"-Spiel in den Harry-Potter-Romanen.

1 **Fußballwettbewerb der Welt:** FA Cup 1871–72
Länderspiel 1872: England – Schottland 0 : 0
Profispieler: die Schotten John Love und Fergus Suter für den englischen Verein Darwen, 1879

Die Football Association

Im Londoner Gasthaus Freemason's Tavern kamen am 26.10.1863 Vertreter verschiedener Schulen und Klubs zusammen, mit dem Ziel, einheitliche Regeln festzulegen. Es war das Gründungstreffen der englischen Football Association, kurz FA, des ersten Fußballverbands der Welt. Man diskutierte heftig über die Regeln: Sollten Tritte gegen das Schienbein eines Gegners erlaubt sein? Durfte der Ball auch mit der Hand getragen werden? Die Vertreter des Rugbyspiels wollten darauf nicht verzichten und gingen schließlich eigene Wege. Der FA gehörten schon acht Jahre später, 1871, 50 Klubs an.

Shrovetide Football

Bereits im Mittelalter wurde in England eine Urform von Fußball und Rugby zwischen zwei Dörfern oder Stadtteilen ausgetragen. Bei diesem fast regellosen Massenereignis lagen die „Tore" kilometerweit auseinander. Es gab kein abgegrenztes Spielfeld und keine festgelegte Mannschaftsgröße. Der Ball wurde durch Orte, Flüsse und Seen getrieben, über Hecken, Zäune und Viehweiden. Zuschauer mischten sich unter die Spieler, alle Körperteile kamen zum Einsatz – zum Befördern des Balls wie auch gegen das andere Team. In Ashbourne, in der Grafschaft Derbyshire, pflegt man diese Tradition: Seit Jahrhunderten findet dort der „Shrovetide Football" statt. Als Tore dienten früher Mühlsteine, der Ball ist mit Kork gefüllt und zum Kicken nicht geeignet.

Die Spiele beim traditionellen „Shrovetide Football" in Derbyshire werden als lokales Derby-Match bezeichnet – ein Begriff, den man heute für alle Fußballspiele zwischen rivalisierenden Nachbarvereinen verwendet.

British Ladies

Die Londonerin Nettie Honeyball setzte sich 1894 für die Gründung des ersten englischen Frauenfußballklubs – „The British Ladies' Football Club" – ein. Im Jahr darauf fand das erste öffentliche Spiel vor etwa 10 000 Zuschauern statt. Die Presse reagierte mit hämischen Kommentaren, bezeichnete das Spiel der Frauen als unweiblich und unattraktiv und heizte die Diskussionen über die Kleidung der Fußballerinnen an: Sie trugen Hütchen, weite Knickerbocker und manche darüber knielange Röcke. Später kickten die British Ladies auch gegen Männermannschaften. 1902 verbot die FA ihren Mitgliedern Spiele gegen Frauenteams.

Englische Privatschulen

Spätestens seit Anfang des 19. Jahrhunderts erfreute sich das Spiel mit dem Ball an privaten Eliteschulen zunehmender Beliebtheit. Es entwickelten sich verschiedene Varianten, bei denen es oft brutal zur Sache ging. Die Regeln waren an jeder Schule anders, das Spielfeld richtete sich nach den vorhandenen Möglichkeiten. So begrenzt beim heute noch gespielten Eton Wall Game eine etwa 110 Meter lange Ziegelmauer den nur ca. fünf Meter breiten Spielfeldstreifen. Zu Beginn jeder Spielphase bilden die Sportler einen Pulk an der Mauer. Der Ball wird in die aneinandergedrückten Spieler gerollt. Beide Teams versuchen, ihn zu erkämpfen und ans gegnerische Ende zu befördern. Früher war die Faust im Gesicht des Gegners erlaubt – heute ist es verboten, andere Spieler zu schlagen oder festzuhalten. Tore fallen höchst selten, das letzte wurde 1909 erzielt.

Rund um die Welt

Etwa 265 Millionen Menschen auf der Welt spielen Fußball! Das fand der Weltfußballverband FIFA bei einer großen Befragung im Jahr 2006 heraus. Ob die Gründer der FA 1863 im englischen Pub mit einem solchen Erfolg gerechnet haben?

Grönland hat eine eigene Fußball-Nationalmannschaft, ist aber bisher nicht Mitglied der FIFA. Lange wurde die Ablehnung seiner Aufnahme in den Weltfußballverband mit dem Fehlen eines Naturrasenplatzes begründet.

In den **USA** steht die Fußballliga im Schatten der populäreren Sportarten American Football, Baseball, Basketball und Eishockey. „Soccer", wie das Fußballspiel in den USA heißt, wird aber immer beliebter. An Highschools und Colleges wird schon lange gekickt. Vor allem für Frauen ist Fußball als College-Sport interessant. Es gibt viele sehr gute Spielerinnen und tolle Teams. Die Frauen-Nationalmannschaft der USA gehört zu den erfolgreichsten der Welt.

USA

Fußball ist Sportart Nummer eins in **Mittelamerika** – abgesehen von Panama und Nicaragua, wo das Interesse für Baseball überwiegt. Stärkste Fußballnation ist Mexiko. In der Karibik sind Kricket und Baseball die bevorzugten Sportarten.

Mittelamerika

Südamerika

Fußball ist in **Brasilien** Nationalsport und verbunden mit einer Lebensfreude, die im brasilianischen Samba und Karneval zum Ausdruck kommt. Brasiliens Kicker gelten als technisch geschickte, einfallsreiche Ballzauberer. 1950 und 2014 fand hier die Fußball-WM statt.

1874

11 Jahre nach Gründung der Football Association führte der Gymnasiallehrer Konrad Koch zusammen mit seinem Kollegen August Hermann das Fußballspiel an deutschen Schulen ein. Koch verfasste die ersten deutschen Fußballregeln und übersetzte englische Fachausdrücke. Viele seiner Begriffe – zum Beispiel Halbzeit, Strafstoß, Mittelstürmer – gelten bis heute.

Mit britischen Seeleuten kam der Fußball nach **Südamerika**. Heute wird in Südamerika leidenschaftlich gekickt – man ist mindestens so fußballverrückt wie in Europa. Mancher Jugendliche hier hofft darauf, die Armut und die Elendsviertel als erfolgreicher Profifußballer hinter sich lassen zu können. Vorbilder sind Stars wie Pelé, Ronaldinho, Diego Maradona, Lionel Messi und andere berühmte Spieler, von denen viele ihre Herkunftsländer mit Hilfsprojekten unterstützen.

Kaufleute, Studenten und Facharbeiter brachten das Spiel von England in andere europäische Länder. 1904 wurde in Paris der Weltfußballverband FIFA (Féderation Internationale de Football Association) gegründet. Gründungsmitglieder waren sieben europäische Verbände: Frankreich, Belgien, die Niederlande, Dänemark, Spanien, Schweden und die Schweiz. Fußball ist heute die beliebteste Sportart in **Europa** und hat den größten Anteil bei der Sportberichterstattung.

Russland war Gastgeber der Fußball-WM 2018. Die fußballbegeisterten Fans in diesem riesigen Land mussten manchmal weite Wege auf sich nehmen – die Anreise zu einem Auswärtsspiel konnte schon mal Tausende Kilometer lang sein. Wegen des harten Winters wird die russische Meisterschaft von März bis November ausgetragen.

Die EM 2020 wird zum 60-jährigen Jubiläum des Turniers in zwölf Ländern in Europa ausgespielt. Das Finale findet im Wembley Stadion in London statt.

Europa

Asien

Wichtigste Fußballnationen in **Asien** sind Japan und Südkorea mit sehr guten Spielern. Die erste Fußball-WM auf asiatischem Boden fand 2002 in diesen beiden Ländern statt. In den Baseball-begeisterten Nationen wuchs das Interesse der Zuschauer am Fußballsport durch das Großereignis im eigenen Land.

Fußballhochburg in **Südostasien** ist Thailand. Hier wird vor allem die englische Premier League (→ S. 80 f.) mit großem Interesse verfolgt.

Afrika

Ich verspreche nur, zu rennen wie ein Schwarzer, um morgen leben zu können wie ein Weißer.
Samuel Eto'o

Ozeanien

Fußball in **Afrika** ist ein Fest mit Gesängen, Tänzen und Musik. Die Europäer brachten das Fußballspiel als Kolonialmächte auf den Kontinent. Viele junge Kicker träumen heute von einer Karriere in Europa, um der Armut in Afrika zu entkommen. Diejenigen, die es schaffen – wie Samuel Eto'o und Didier Drogba –, helfen mit ihren Einkünften ihren Familien zu Hause.

Als britische Einwanderer das Fußballspiel in Australien und Neuseeland einführten, wurden dort bereits Kricket und Rugby gespielt. Noch immer bevorzugen die Menschen in **Ozeanien** diese Sportarten. In Australien findet der Fußballsport in diesem Teil der Welt die meisten Anhänger. 2006 wechselten die Australier zum asiatischen Verband, wo sie sich mit stärkeren Mannschaften messen müssen als zuvor in Ozeanien.

Bei der WM 2010 in **Südafrika** übertönten die trompetenartigen Vuvuzelas fast die Stadionsprecher und TV-Kommentatoren. Es war die erste Fußball-WM auf dem Kontinent. Während der Apartheid in Südafrika, der Unterdrückung und Ausbeutung der schwarzen Bevölkerung durch die weiße Minderheit, wurde Fußball zum Sport der Schwarzen.

Fußballplätze

Zum Fußballspielen braucht man nicht viel: ein paar Kicker, einen rollenden Gegenstand, etwas Platz und eine Markierung für die Tore. Gerade in ärmeren Gegenden der Welt ist Straßenfußball darum sehr beliebt. Natürlich macht es einen gewaltigen Unterschied, ob man auf einem staubigen Bolzplatz oder im hoch technisierten Stadion mit verschließbarem Dach und Rasenheizung spielt. Aber die Grundidee des Spiels ist überall dieselbe.

Fußballfans gibt es überall, auch in den ärmsten Gegenden der Welt. Diesen Jungs in Johannesburgs Township Soweto genügen mit Pfählen markierte Tore, ein Ball und jede Menge Freude am Fußballspielen.

Das Spielfeld

Für offizielle Fußballspiele gibt es festgelegte Regeln, die beim Spielfeld und seinen Markierungen beginnen. Gespielt wird auf einem rechteckigen Feld, üblicherweise auf Rasen, seltener auf Kunstrasen. Im Amateurbereich rollt der Ball auch mal auf einem Hart- oder Ascheplatz. Das Feld wird in der Regel durch weiße Linien markiert.

1 Anstoßkreis und Anstoßpunkt
Hier beginnt das Fußballspiel (→ S. 24). Auch nach einem gültigen Tor, zu Beginn der zweiten Halbzeit und zu Beginn der Halbzeiten von Verlängerungen wird der Ball vom Anstoßpunkt wieder ins Spiel gebracht.

2 Mittellinie
Die Mittellinie teilt das Feld in zwei Hälften. Nach der Halbzeitpause wechseln die Mannschaften die Seiten.

3 Seitenlinien
Die Seitenlinien begrenzen die Längsseiten des Spielfelds. Wird der Ball über eine Seitenlinie vom Feld gekickt, gibt es Einwurf (→ S. 28).

4 Torlinien
Die Tore stehen mittig auf den Torlinien. Fliegt der Ball über oder neben dem Tor über die Torlinie vom Platz, kommt es darauf an, welche Mannschaft ihn zuletzt berührt hat. Danach entscheidet der Schiedsrichter auf Abstoß oder Eckstoß (→ S. 29).

Mit 200 000 Zuschauerplätzen war das Maracanã-Stadion in Rio de Janeiro früher das größte der Welt. Gebaut wurde es für die Fußball-WM 1950. Später musste die Kapazität aus Sicherheitsgründen immer weiter verringert werden. Bei der WM 2014 fand in diesem Stadion u. a. das Finale zwischen Deutschland und Argentinien statt – vor rund 75 000 Zuschauern. Als größtes Fußballstadion der Welt gilt das Stadion des 1. Mai in Pjöngjang, Nordkorea. Ursprünglich bot es Platz für 150 000 Zuschauer, nach einer Renovierung 2014 sind es vermutlich 114 000.

Die Vorgaben zu Seitenlinie (90–120 m) und Torlinie (45–90 m) würden prinzipiell ein quadratisches Spielfeld ermöglichen. Deshalb gibt es folgende Sonderregel: Die Seitenlinie muss länger sein als die Torlinie.

90–120 m, Internationale Spiele: 100–110 m

45–90 m, Internationale Spiele: 64–75 m

9,15 m

1 m

9,15 m

11 m

16,50 m

16,50 m

5,50 m

5,50 m

7,32 m

6 Strafstoßmarke
Von diesem Punkt aus werden Strafstöße geschossen. Die Markierung liegt elf Meter vor der Torlinie und wird auch Elfmeterpunkt genannt.

7 Torraum
Im Torraum darf der Torwart nicht angegriffen werden. Passiert es trotzdem, bekommt seine Mannschaft einen Freistoß (→ S. 30 f.)

5 Strafraum
Der Torwart darf den Ball im Strafraum als Einziger mit den Händen spielen. Wird ein angreifender Spieler im Strafraum gefoult, erhält seine Mannschaft einen Strafstoß (→ S. 30 f.).

8 Eckraum
In jeder Ecke muss eine Eckfahne stehen. Beim Eckstoß (→ S. 29) wird der Ball aus dem Eck-Viertelkreis geschossen.

Team und Ausrüstung

Bei einem Fußballspiel treffen zwei Mannschaften aufeinander. Damit beide die gleichen Bedingungen haben und einander nicht gefährden, gibt es für die Spieler und ihre Outfits genaue Vorschriften.

Trikot-Oberteil
Vorgeschrieben ist ein Hemd mit Ärmeln. Die Trikotfarben beider Teams müssen sich klar voneinander abheben. Profis haben darum andersfarbige Auswärtstrikots, die zum Einsatz kommen, wenn das Gastgeberteam die gleichen oder ähnliche Farben trägt.

Schmuck
Schmuckstücke jeder Art, auch Leder- oder Gummibänder, sind auf dem Platz verboten, weil sie die Verletzungsgefahr steigern würden.

Hose
Als Hosen werden Shorts getragen. Im Winter sind Unterziehhosen in gleicher Farbe erlaubt.

Optimal ausgerüstet: Julian Draxler mit Kapitänsbinde im Trikot der deutschen Nationalmannschaft.

Schuhe
Die Sohlen der Fußballschuhe haben Stollen, Nocken oder Noppen für einen besseren Halt im Boden. Stollen können ausgetauscht und an die Platzverhältnisse angepasst werden.

Schienbeinschützer/Stutzen
Unter den Stutzen tragen die Spieler Schienbeinschützer aus Kunststoff zum Schutz vor Verletzungen.

Torhüter haben eine Art Sonderstellung im Team. Sie sind anders gekleidet als die übrige Mannschaft und dürfen als einzige Spieler den Ball mit der Hand berühren.

Spielerzahl

Wenn jede Mannschaft mindestens sieben Spieler hat, kann das Spiel – laut den offiziellen Regeln – beginnen. Üblicherweise stehen beim Anpfiff pro Team elf Spieler auf dem Platz, von denen je einer der Torwart ist. Mehr als elf dürfen es nicht sein.

Der Mann mit dem Helm

Petr Čech, Torhüter des FC Arsenal (2004–2015 FC Chelsea) und der tschechischen Nationalmannschaft, trägt bei allen Spielen einen Kopfschutz. Grund dafür ist, dass ihn 2006 das Knie eines Gegners am Kopf traf. Dabei erlitt Petr Čech einen Schädelbruch. Der Helm soll den Welttorhüter von 2005 vor weiteren Verletzungen schützen.

Kapitänsbinde

Jede Mannschaft hat einen Spielführer (Kapitän). Er ist Ansprechpartner für den Schiedsrichter und trägt eine Armbinde am Oberarm als Kennzeichen.

Torwart

Das Trikot des Torwarts unterscheidet sich farblich deutlich von dem der anderen Spieler. Die Torwarthandschuhe sind gepolstert und in den Handinnenflächen besonders griffig, damit der Ball nicht so leicht abrutscht. Torhüter dürfen lange Trainingshosen tragen.

Haben die Trikots der beiden Torhüter die gleiche Farbe und kann keiner von ihnen wechseln, wird trotzdem angepfiffen.

Der **Fußball** aus Leder oder Kunststoff darf einen Umfang von 68–70 cm haben. Bei Spielbeginn soll er 410–450 g wiegen. Sogar sein Luftdruck ist durch die Fußballregeln genau vorgegeben.

Auswechselbank

Vor Spielbeginn werden dem Schiedsrichter alle Spielernamen, auch die der Auswechselspieler, mitgeteilt. Ein Auswechselspieler wartet die Erlaubnis des Schiedsrichters ab, bevor er das Spielfeld während einer Spielunterbrechung an der Mittellinie betritt. Zuvor muss der Spieler, den er ersetzt, den Platz verlassen haben. Wurde ein Spieler ausgewechselt, darf er nicht wieder zurück ins Spiel.

Schiedsrichter

Der Schiedsrichter leitet das Spiel und achtet darauf, dass die Regeln eingehalten werden. Dabei muss er nicht nur den Spielverlauf im Auge behalten, sondern auch alles, was sonst noch auf dem Platz passiert. Nur der Schiedsrichter selbst kann seine getroffene Entscheidung wieder ändern und das nur, solange er das Spiel nicht fortgesetzt oder abgepfiffen hat.

Vor Spielbeginn

Der Schiedsrichter und sein Team prüfen vor Spielbeginn, ob das Spielfeld den Fußballregeln entspricht. Den Ball und alle Ersatzbälle sowie die Ausrüstung der Spieler kontrollieren sie ebenfalls.

Technische Hilfsmittel

War der Ball drin oder nicht? Mit bloßem Auge ist das oft schwer zu erkennen. Seit der Saison 2016/2017 kommt in der Bundesliga deshalb die Torlinientechnologie zum Einsatz. Dabei beobachten mehrere fest installierte Kameras genau, ob der Ball die Torlinie komplett überquert hat. Nur dann geben sie ein Signal an den Schiedsrichter, den Treffer zu zählen. Seit der Saison 2017/18 wird in der Bundesliga außerdem der Videobeweis herangezogen. Ein Videoschiedsrichter greift bei eindeutigen Fehlentscheidungen des Schiedsrichters ein, etwa bei Toren, Elfmetern oder Roten Karten.

Schiedsrichterin Bibiana Steinhaus pfeift seit der Saison 2007/2008 als erste Frau Spiele im Profibereich der Männer. Sie ist von Beruf Polizistin.

Schiedsrichter kommt für mich nicht in Frage. Schon eher etwas, das mit Fußball zu tun hat.
Lothar Matthäus

Der Schiedsrichter stoppt die Spielzeit und macht sich Notizen zum Spielverlauf. Er entscheidet über die Länge der Nachspielzeit (→ S. 24).

Mit der Pfeife gibt der Schiedsrichter das Signal für Anstoß, Spielunterbrechungen, Fortsetzung des Spiels und den Ablauf der Spielzeit. Bei einem Tor, Abstoß, Eckstoß oder Einwurf ist kein Pfiff notwendig.

Mit der Gelben Karte verwarnt der Schiedsrichter einen Spieler, mit der Roten verweist er ihn vom Platz (→ S. 32 f.).

Schiedsrichterassistenten

Einer allein kann nicht alles sehen, darum hat der Schiedsrichter in höheren Spielklassen zwei Assistenten. Sie bewegen sich entlang der Seitenlinien und achten besonders darauf, ob der Ball das Feld verlässt und ob ein Spieler im Abseits ist (→ S. 26 f.). Auch auf Fouls dürfen die Assistenten hinweisen. Der Schiedsrichter kann sich mit ihnen besprechen, wenn er in einer Entscheidung nicht ganz sicher ist.

Der Schiedsrichterassistent zeigt mit einer Fahne an, welche Mannschaft Einwurf hat. Auch bei einer Auswechslung, für Abstoß, Eckstoß, Fouls und Abseits gibt es festgelegte Fahnenzeichen.

Der Vierte Offizielle

Je nach Wettbewerb unterstützt der „Vierte Offizielle" den Schiedsrichter zusätzlich zu den beiden Assistenten. Er betreut unter anderem die Auswechslungen und zeigt die Nummern der Spieler, die wechseln. Vor einer Einwechslung kontrolliert er die Ausrüstung des Spielers und sieht sich zum Beispiel die Stollen an den Schuhsohlen an. Sie dürfen andere Mitspieler nicht gefährden.

Der Unparteiische Tobias Stieler bei einem Spiel der 2. Bundesliga. Stieler ist seit 2014 Schiedsrichter der FIFA-Liste.

An der Torlinie

Bei großen Wettbewerben der UEFA (→ S. 88) werden zwei weitere Schiedsrichterassistenten an den beiden Torlinien eingesetzt. Sie behalten besonders den Strafraum im Auge.

Am Spielfeldrand

Zu einem Fußballspiel gehören nicht nur die Beteiligten auf dem Rasen, sondern auch die vielen Menschen auf der anderen Seite der Spielfeldlinien: die Vereinsverantwortlichen, Stadionmitarbeiter, Ticketverkäufer, Sicherheitskräfte, Fitnesstrainer, Ärzte und viele andere. Und natürlich die Fans. Für sie ist die Liebe zum Fußball und zu ihrem Klub ein fester Bestandteil des Lebens.

Fans

Nicht umsonst gelten die Fans als der „12. Mann": Fußballfans können ihre Mannschaft mit Gesängen und Anfeuerungen so anspornen, dass sich ein schon verloren geglaubtes Spiel noch dreht. Ihr Ansprechpartner beim Verein ist der Fanbeauftragte.

Herz und Seele jedes Klubs: treue Fans, die ihr Team in guten und in schlechten Zeiten unterstützen.

Manager

Der Manager, in manchen Vereinen auch der Sportdirektor, ist für die sportliche Ausrichtung des Vereins verantwortlich. Zusammen mit der Vereinsspitze bestimmt er, welche Ziele der Klub erreichen soll. Er kümmert sich um Sponsoren (→ S. 19), verhandelt Ablösesummen und Spielergehälter. Beim Spiel sitzt er meist mit auf der Bank.

Die Technische Zone

Hinter der Seitenlinie befindet sich die Technische Zone (auch: Coaching Zone) mit einer Bank für Betreuer und Auswechselspieler. In großen Stadien ist der Bereich mit Begrenzungslinien markiert. Der Trainer darf seiner Mannschaft von der Technischen Zone aus Anweisungen geben, er darf sie aber nur in Ausnahmefällen verlassen. Wenn ein Trainer sich nicht daran hält oder ständig motzt und sich zum Beispiel mit dem Vierten Offiziellen anlegt, kann der ihn auf die Tribüne schicken.

Je nach Wettbewerb wird festgelegt, wie viele Personen sich in der Technischen Zone aufhalten dürfen.

You'll never walk alone

Der Musical-Song „You'll never walk alone" eroberte die Fußballstadien: Die Liverpooler Fans machten ihn in den 1960er-Jahren zu ihrer Hymne und singen das Lied lautstark bei Spielen ihres Klubs. Bald erreichte der Song auch andere Vereine. In Deutschland wird er zum Beispiel von den FC St. Pauli-Fans regelmäßig angestimmt. Fußballbegeisterte Musiker wie „Die Toten Hosen", Bela B., „The Boss-Hoss" und andere haben Coverversionen aufgenommen. „You'll never walk alone" gilt mittlerweile als Fußballhymne schlechthin.

Präsident

Ein großer Fußballverein ist wie eine Firma: Er muss Geld verdienen und es gewinnbringend anlegen – zum Beispiel, indem er es für den Nachwuchs und Spielereinkäufe ausgibt. Der Präsident ist der Chef, bei dem alle Fäden zusammenlaufen. Er trägt die wirtschaftliche Verantwortung für den Verein. Während des Spiels sitzt er in der Regel auf der Haupttribüne.

Mannschaftsarzt

Der Mannschaftsarzt kümmert sich um die Gesundheit der Spieler. Das ist wichtig, denn ernsthafte Verletzungen können eine Spielerkarriere vorzeitig beenden. Ein während des Spiels verletzter Spieler muss zunächst vom Spielfeld gebracht werden. Danach kann er am Spielfeldrand behandelt werden. Bevor der Spieler zurück auf den Platz darf, prüft der Vierte Offizielle, ob es ihm wieder gut geht.

Trainer und Trainerassistent

Der Trainer (→ S. 36 ff.) weiß, was seine Spieler können, und stellt die Mannschaft entsprechend auf. Er gibt die Taktik vor und bestimmt während des Spiels die Auswechslungen. Sein Assistent unterstützt ihn bei der Spielvorbereitung, beim Training und auch während des Spiels. Trainern wird schnell die Schuld gegeben, wenn eine Mannschaft schlecht abschneidet. Hält das Leistungstief eines Teams an, wird häufig der Trainer entlassen. Manchmal übernimmt dann der Assistent seine Aufgaben, bis ein neuer Cheftrainer gefunden ist.

Geld und Geschäft

Bei aller Freude am Spiel ist Fußball auch ein Riesengeschäft. Eintritts-
gelder und von den Klubs organisierte Fanreisen spielen dabei ebenso
eine Rolle wie der Verkauf von Fanartikeln, das sogenannte Merchan-
dising. Auch Werbeverträge, Fernsehübertragungen und Spielerver-
käufe können den Vereinen hohe Einnahmen bescheren.

Spielertransfer

Warum gewinnen manche Mannschaften öfter als
andere? Weil sie die besseren Spieler haben. Die
bekommen sie entweder durch eine gute Nachwuchsförderung (→ S. 50 ff.) oder von einem
anderen Verein. Spielertransfer nennt man das –
und es ist ein Geschäft, das in jeder Saison nur in
bestimmten Zeiträumen stattfinden darf. Je nach
Vertrag des Spielers zahlt der neue Verein eine

hohe Ablösesumme, damit der Spieler zu ihm
wechseln kann. Doch die Ausgaben lohnen sich
in vielen Fällen nicht nur auf dem Fußballplatz:
Fanartikel, wie das Trikot mit dem Namen des
Stars, und allerhand Werbung, die der Klub mit
dem neuen Spieler macht, können das Geld
schnell zurück in die Vereinskasse spülen.

Vom Schal bis zur
Bettwäsche – alles
in den Farben des
Vereins: Große
Summen verdienen
Klubs mit Fan-
artikeln.

Milliardärsvereine

Mancher reiche Unternehmer erfüllt sich einen
Traum, mancher möchte seine Fußballbegeisterung
mit der Möglichkeit verbinden, noch reicher zu
werden: Milliardäre kaufen Klubs und stocken die
Mannschaften mit erstklassigen Spielern auf. Sie
wollen ihren Verein schnell an die Spitze bringen.
Denn je angesehener ein Wettbewerb ist, umso

höher sind die Prämien, die für jede Runde Weiter-
kommen gezahlt werden. Richtig viel zu verdienen
gibt es in der Champions League (→ S. 86 ff.). Für
einen Klub, der vor der Pleite steht, kann ein solcher
Geldgeber die Rettung bedeuten. Aber er übt oft
auch einen gehörigen Druck aus, wenn es ihm zu
lange dauert, bis der Erfolg eintritt.

Geld schießt keine Tore.

Otto Rehhagel

Klub als Sponsor

Der FC Barcelona drehte das Prinzip des Sponsorings um: Nicht der Verein kassierte, sondern man stellte die Werbefläche auf dem Trikot für einen guten Zweck kostenlos zur Verfügung. Bis 2011 trug die Mannschaft das Logo des Kinderhilfswerks UNICEF auf der Brust, seitdem steht der Schriftzug unter der Spielernummer auf dem Rücken. Der FC Barcelona verzichtete damit jährlich auf Werbeeinnahmen in Millionenhöhe und unterstützt die Hilfsorganisation außerdem mit Spenden.

Bis 2011 prangte das UNICEF-Logo noch auf der Brust von Lionel Messi & Co. Seit der Saison 2011/2012 ziert es die Rücken der Barcelona-Spieler.

Neymar da Silva Santos Júnior löste 2017 Paul Pogba als teuersten Spieler der Welt ab.

Werbung und TV-Rechte

Sponsoring ist eine große Einnahmequelle für Fußballvereine: Unternehmen zahlen dem Verein Geld und dürfen dafür Werbung machen – zum Beispiel auf den Trikots der Spieler. Inzwischen sind viele große Stadien nach dem Sponsor benannt. Firmennamen liest man auch auf den Stadionbanden rund ums Spielfeld und auf den Hintergrundwänden für Fernsehinterviews. Für die Rechte, ein Spiel im Fernsehen zeigen zu dürfen, zahlen die TV-Sender ebenfalls viel Geld.

Für **222 000 000** Euro wechselte Neymar 2017 vom FC Barcelona zu Paris Saint-Germain – die bis dahin höchste Ablösesumme für einen Spielertransfer.

Fußball-Live-Übertragung

Die Medien sind ein wichtiger Bestandteil der Fußballwelt. Zeitungs-reporter schreiben über das Spiel, Radiokommentatoren und Online-reporter berichten, Fotografen am Platzrand hoffen, den richtigen Moment zu erwischen. Damit die Bilder von einem Fußballspiel im Fernsehen oder Internet live zu sehen sind, ist ein hoher technischer Aufwand notwendig. Und viele Menschen sind daran beteiligt.

Moderator Matthias Opdenhövel und Fußball-TV-Experte Thomas Broich bei der Analyse eines Spiels.

Moderator und Experte

Der Moderator gibt vor dem Spiel Hinter-grundinformationen zu der Begegnung. In der Halbzeitpause und nach Abpfiff analy-siert er den Spielverlauf. Dazu ist er meist vor Ort im Stadion, an der Seitenlinie oder in einem extra dafür eingerichteten Studio. Oft unterstützt ihn ein Experte, zum Bei-spiel ein ehemaliger Fußballspieler. Nach dem Spiel befragen sie gemeinsam die Trainer und wichtige Spieler, wie sie das Match erlebt haben.

Kommentator

Der Kommentator hat seinen Arbeits-platz auf der Haupt- oder Pressetribüne. Seine Stimme ist während des Spiels zu hören: Er schildert den Spielverlauf, liefert Hintergrundinformationen und nimmt Stellung zum Spielgeschehen. Weil er den gesamten Platz überblicken kann, sieht er, wenn der Trainer tobt, weil er sich ärgert, oder ein Spieler sich abseits des Spielfelds aufwärmt. Der Kommentator kann dann darauf hin-weisen, dass möglicherweise bald eine Auswechslung stattfinden wird. Ein guter Kommentator macht das Spiel mit seiner Reportage noch spannender.

Störung

Beim EM-Halbfinale 2008, Deutsch-land – Türkei, fielen wegen eines heftigen Gewitters plötzlich Bild und Ton aus! Die Fans vor den Fernsehern und beim Public Viewing fürchteten, entscheidende Aktionen ihrer Mann-schaft zu verpassen. Nach ein paar Minuten war zumindest die Stimme von Kommentator Béla Réthy wieder zu hören. Aber das Live-Bild fehlte nach wie vor. Wie ein Radioreporter hielt der TV-Kommentator die Menschen vor den Bildschirmen und Leinwänden auf dem Laufenden. Nach etwa sechs Minuten konnte die Übertragung schließlich fortgesetzt werden.

Im Ü-Wagen

Das Ü steht für „Übertragung". Im Übertragungswagen kommen Bild- und Tonsignale von allen Kameras und Mikrofonen an. Der Technische Leiter kontrolliert sie und sorgt dafür, dass alles funktioniert. Ein Tontechniker achtet darauf, dass alle, die in ein Mikrofon sprechen, gut zu verstehen sind. Während des Spiels mischt er die Stimme des Kommentators zu den Stadiongeräuschen.

Jede Kamera am Spielfeld hat im Ü-Wagen einen eigenen Bildschirm. Bei der großen Anzahl der Kameras ergibt das eine ganze Monitorwand, vor der ein Regisseur sitzt. Er fügt die Bilder zusammen zum „Film", den wir in unseren Fernsehgeräten sehen. Manchmal wird er unterstützt von einem Redakteur, der auf Anfangs- und Schlusszeiten der Übertragung achtet und mit dem Kommentator in Verbindung ist.

Im Ü-Wagen werden alle Signale zusammengefügt. Eine sehr wichtige Funktion haben hier auch die Slomo-Operators. Sie überwachen die Aufzeichnung der Zeitlupen und spielen sie auf Ansage des Regisseurs ab, zum Beispiel bei einer umstrittenen Schiedsrichterentscheidung oder wenn ein Tor gefallen ist.

Aufnahmeleitung und Field-Reporter

Aufnahmeleiter sorgen dafür, dass alle Mitarbeiter zur richtigen Zeit auf ihren Plätzen sind. Über Kopfhörer und Mikrofon stimmen sie sich mit Regie und Technik ab. Nach dem Spiel gehen sie zu den Spielern oder deren Medienbeauftragten und bitten um ein Interview.

Das Gespräch mit den Kickern führt dann ein sogenannter Field-Reporter am Spielfeldrand. Er muss hart im Nehmen sein, denn die Verlierer lassen ihrem Frust oft freien Lauf!

Kameraleute

Manchmal sind über dreißig Kameras bei einer TV-Live-Übertragung um das Spielfeld herum aufgebaut und mit Kameraleuten besetzt. Jeder von ihnen trägt einen Kopfhörer mit Mikrofon. Darüber kann er mit der Regie sprechen. Der Regisseur sagt den Kameraleuten, welches Bild er sehen möchte. Er muss dabei vorausahnen, wie das Spiel sich entwickeln kann, damit den Fernsehzuschauern kein Tor entgeht.

SPORT CAST

sky

Kameraplan

Alle Fernsehkameras bei einem Fußballspiel haben bestimmte Positionen, die vom Regisseur festgelegt werden. Der Kameraplan gibt darüber Auskunft. Die sogenannte Führungskamera zeigt immer den Spielverlauf in einer totalen Einstellung, sodass alles Wichtige zu sehen ist. Superslomos und Highspeed-Kameras werden zum Beispiel für Zeitlupen verwendet. Bei großen Spielen kommt manchmal auch eine Kamera zum Einsatz, die an Seilen über das ganze Spielfeld fliegen kann.

K 1 Führungskamera (erhöhte Position, genau auf Höhe der Mittellinie)

K 2 sogenannte nahe Führungskamera (neben K1)

K 3 16 Meter flach links (z.B. Stativkamera, Steadycam, Schienen-kamera …)

K 4 Kamera auf Höhe der Mittellinie, zumeist Superslomo

K 5 16 Meter flach rechts (siehe K3)

K 6 16 Meter hoch links (z.B. um Abseits analysieren zu können)

K 7 16 Meter hoch rechts (siehe K6)

K 8 Hintertor hoch links

K 9 Hintertor hoch rechts

K 10 Hintertor flach links (z.B. Handkamera, Krankamera, Superslomo, Highspeed-Kamera …)

K 11 Hintertor flach rechts (siehe K 10)

K 12 Chip-Kamera im Tor links

K 13 Chip-Kamera im Tor rechts

K 14 Gegenseite, z.B. Beobachtung Trainer oder VIP-Tribüne

K 15 Gegenseite, z.B. Superslomo

Kameraplan, zum Beispiel für ein Spiel der Champions League

Die Regeln

Anpfiff bis Abpfiff

Alles beginnt mit dem Anpfiff und endet mit dem Abpfiff:
Ein Fußballspiel dauert 90 Minuten, gespielt wird in zwei
Halbzeiten zu je 45 Minuten. Wenn eine Mannschaft einen
wackligen Vorsprung halten muss, scheint die Zeit manchmal endlos. Dagegen wird ein Team, das im Rückstand ist,
sich über jede verbleibende Minute freuen.

Beginn

Das Spiel startet am Anstoßpunkt. Der Schiedsrichter wirft eine
Münze. Das Team, das den Münzwurf
gewinnt, kann wählen, auf welches Tor es in der
ersten Halbzeit spielt, oder den Anstoß ausführen.
Das gegnerische Team erhält je nach dieser Entscheidung den Anstoß oder darf bestimmen, auf welches Tor
es in der ersten Halbzeit spielt. Alle Spieler mit Ausnahme des Spielers, der den Anstoß ausführt, befinden
sich in der eigenen Spielfeldhälfte. Aus einem Anstoß
kann gegen das gegnerische Team direkt ein Tor erzielt
werden. Der Spieler, der den Anstoß ausführt, darf den
Ball erst nach einem anderen Spieler wieder berühren.
Das Team, das entschieden hat, auf welches Tor es
in der ersten Halbzeit spielt, führt den Anstoß zu
Beginn der zweiten Halbzeit aus. Auch nach
einem Tor gibt es Anstoß, und zwar für
das Team, das den Treffer
kassiert hat.

Halbzeitpause

Die Halbzeitpause
dauert – je nach Wett-
bewerbsbestimmungen – bis
zu fünfzehn Minuten: Zeit für
die Spieler zum Verschnaufen
und für den Trainer, um seine
Mannschaft anzustacheln, sie
zu beruhigen und mit ihr
taktische Änderungen
durchzusprechen.

Nachspielzeit

Am Ende jeder Halbzeit
kann der Schiedsrichter einige
Minuten nachspielen lassen.
Gründe dafür sind zum Beispiel
Zeitverlust durch Auswechslungen,
Verzögerungen durch Verletzungen
oder absichtliches Trödeln von
Spielern, um möglicherweise ein
Ergebnis zu sichern. Manche
Spiele werden erst in
der Nachspielzeit
entschieden!

Verlängerung

Bei einigen Wettbewerben gibt
es Spiele, aus denen ein klarer Sieger
hervorgehen muss. Ist das am Ende
der Nachspielzeit nicht der Fall, gibt
es Verlängerung. Die Mannschaften
bleiben auf dem Spielfeld und kicken
noch zweimal 15 Minuten. Ist dann
immer noch kein Sieger ermittelt,
kommt es zum Elfmeterschießen.

*Der Ball ist rund
und das Spiel dauert
90 Minuten.*

Sepp Herberger

Auswärtstorregel

Es gibt Wettbewerbe, bei
denen die auswärts geschossenen Tore doppelt zählen,
wenn es nach Hin- und
Rückspiel unentschieden
steht. Das ist zum Beispiel in
der UEFA Champions League
(→ S. 86 ff.) der Fall.

Vor dem Anstoß muss der Ball auf dem Anstoßpunkt liegen, ohne bewegt zu werden.

Rekordverdächtig:

28 Minuten ließ der Schiedsrichter 2007 in einem Bezirksligaspiel zwischen Dostlukspor Bottrop und Blau-Weiß Wesel nachspielen – 13 Minuten in der ersten Halbzeit und 15 Minuten in der zweiten!

Schlusspfiff
Jede Halbzeit endet mit dem Abpfiff des Schiedsrichters.

Elfmeterschießen

Zunächst treten fünf Spieler aus jedem Team zum Elfmeterschießen an. Sie müssen am Ende der Verlängerung bereits auf dem Platz gewesen sein. Der Schiedsrichter legt das Tor fest, auf das geschossen wird, und wirft eine Münze. Der Gewinner des Münzwurfs, einer der beiden Kapitäne, entscheidet, welche Mannschaft beginnt. Beide Teams schießen abwechselnd.

Der Torwart, der nicht an der Reihe ist, wartet an der Stelle, an der die Strafraumlinie an die Torlinie stößt. Alle anderen Spieler müssen in den Mittelkreis. Wenn es nach den fünf Elfmetern pro Mannschaft noch unentschieden steht, wird das Elfmeterschießen fortgesetzt. Es gewinnt dann das Team, das bei gleicher Schussanzahl zuerst ein Tor mehr erzielt.

Elfmeterkrimi im Champions-League-Finale 2012: Die Bayern mussten sich dem FC Chelsea schließlich mit 3 : 4 i. E. geschlagen geben.

Tor und Abseits

Wer in einem Spiel mehr Tore erzielt, gewinnt beim Fußball. Aber ob ein Tor tatsächlich zählt, darüber wird manchmal heftig gestritten. Der Ball muss mit seinem gesamten Durchmesser zwischen den Pfosten hinter der Torlinie sein. Und dann gibt es auch noch die knifflige Abseitsregel.

Abseitsstellung

Befindet sich ein Angreifer in der Hälfte des gegnerischen Teams näher an der Torlinie als der Ball und der vorletzte Gegenspieler, dann ist er im Abseits – so die offizielle Fußballregel. Der letzte Gegenspieler ist in der Regel der Torwart. Entscheidend für die Abseitsstellung ist der Moment der Ballabgabe durch einen Mitspieler. Im Abseits zu sein ist nicht verboten, solange der Spieler passiv bleibt.

Wembley-Tor

WM-Finale 1966, England gegen Deutschland: Nach Ablauf der regulären Spielzeit stand es 2 : 2 im Londoner Wembley Stadium. Das Spiel ging in die Verlängerung. In der 101. Minute passierte es – der Engländer Geoff Hurst schoss den Ball unter die Latte des deutschen Tors, von dort prallte er ab auf den Boden. Die Engländer jubelten, der Schiedsrichter gab den Treffer. Aber war der Ball wirklich komplett hinter der Torlinie? Jahrelang wurde darüber gestritten. Mittlerweile gilt als erwiesen, dass es kein Tor war. Das Spiel endete 4 : 2 für England und Deutschland verpasste den Weltmeistertitel.

Im Abseits

Im Moment der Ballabgabe ist zwischen Angreifer und Torwart kein Verteidiger mehr: Der Angreifer ist im Abseits. Sein Tor zählt nicht.

Passives Abseits

Der Spieler im Abseits greift nicht ins Spielgeschehen ein und behindert die Gegner nicht, indem er zum Beispiel dem Torwart die Sicht versperrt, sich Verteidigern in den Weg stellt oder sie ablenkt. Sein Mitspieler, der nicht im Abseits ist, kann einen gültigen Treffer erzielen.

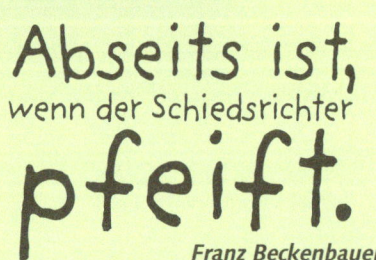

Abseits ist, wenn der Schiedsrichter pfeift.

Franz Beckenbauer

Rückpass

Der ballführende Spieler ist der letzte Angreifer vor dem Tor. Er spielt den Ball zu einem Mitspieler zurück: kein Abseits.

Gleiche Höhe

Der angreifende Spieler befindet sich im Moment der Ballabgabe auf gleicher Höhe mit dem letzten Verteidiger vor dem Torwart. Er ist nicht im Abseits.

Einwurf, Abstoß, Ecke

Kommt der Angreifer sofort nach einem Einwurf, Abstoß oder Eckstoß (→ S. 28 f.) an den Ball, gilt das nicht als Abseits.

Der Schiedsrichter-assistent hebt in einer Abseitssituation die Fahne.

Abseitsfalle

Verteidiger können einen gegnerischen Angriff dadurch stoppen, dass sie den vordersten Angreifer bewusst ins Abseits stellen. Kurz bevor ein Mitspieler diesem Stürmer den Ball zuspielen kann, rücken die Verteidiger Richtung Spielfeldmitte. Der Angreifer ist dadurch im Moment der Ballabgabe näher an der Torlinie als der letzte Verteidiger, er ist im Abseits. Wenn er nun ins Spiel eingreift, bekommt die verteidigende Mannschaft einen indirekten Freistoß (→ S. 30 f.) zugesprochen. Die Abseitsfalle wird von den Spielern im Training geübt und gehört zur Spieltaktik. Sie kann aber auch schiefgehen. Wenn einer der Verteidiger zu langsam ist, hat der Angreifer freien Weg aufs Tor und der Torwart ist auf sich allein gestellt!

Beim Fußball geht es nicht nur darum, Tore zu schießen, sondern auch zu gewinnen.

Alan Shearer

Einwurf, Abstoß, Eckstoß

Der Ball ist so lange im Spiel, bis er vollständig hinter einer Seiten- oder Torlinie landet oder der Schiedsrichter pfeift. Dann gibt es verschiedene Möglichkeiten, wie das Spiel fortgesetzt wird. Sie richten sich danach, wo und durch wen der Ball das Spielfeld verlassen hat.

Einwurf

Spielt ein Team den Ball über eine Seitenlinie ins Aus, gibt es Einwurf für die gegnerische Mannschaft. Der Einwurf wird dort ausgeführt, wo der Ball über die Linie gerollt oder geflogen ist. Die gegnerischen Spieler müssen mindestens zwei Meter Abstand halten. Ein direktes Tor durch Einwurf gibt es nicht.

Bei Einwurf, Abstoß und Eckstoß gilt: Der Spieler, der sie ausführt, darf den Ball erst wieder berühren, nachdem ein anderer Spieler am Ball war. Im Bild rechts: Marcel Schmelzer beim Einwurf.

Fußballschule: Den Einwurf üben

Für den Einwurf gelten genaue Regeln: Du musst mit dem Gesicht zum Spielfeld stehen und mit einem Teil jedes Fußes die Seitenlinie oder den Boden außerhalb der Seitenlinie berühren. Nimm den Ball in beide Hände und hebe ihn über deinen Kopf nach hinten. Dabei spannst du deinen Körper an. Dann schwingst du die Arme über den Kopf wieder nach vorn und lässt den Ball gleichzeitig mit beiden Händen los. Achte darauf, dass deine Füße am Boden bleiben.

Salto-Einwurf

Mit einer besonderen Einwurftechnik überraschte Brasiliens Nationalspielerin Leah Lynn Gabriela Fortune bei der U-20-Weltmeisterschaft der Frauen 2008 in Chile: Nach kurzem Anlauf stützte sie sich auf den Ball in ihren Händen, machte einen Überschlag, kam auf ihre Füße und nutzte den Schwung, um den Ball weit in den Strafraum der Gegnerinnen zu schleudern. Auch andere Spielerinnen und Spieler beherrschen diese Saltotechnik.

Eckstoß

Fliegt oder rollt ein Ball über die Torlinie ins Aus und ein Verteidiger hat ihn
zuletzt berührt, bekommen die Angreifer einen Eckball (Eckstoß) zugesprochen. Dazu legt der Spieler den Ball in
den Viertelkreis vor der Eckfahne, auf
der Seite, auf der er über die Linie ging.
Die Fahne muss stehen bleiben, der Ball
darf die Linien des Viertelkreises berühren. Alle Gegenspieler halten einen
Abstand von mindestens 9,15 Metern
zum Viertelkreis. Der Eckstoß
darf direkt ins Tor geschossen
werden.

Marco Reus legt sich den Ball an der
Eckfahne zurecht. Eckfahnen müssen
manchmal auch als Jubel-Zubehör her-
halten: André Schürrle etwa spielte auf
ihr Luftgitarre, andere tanzten um sie
herum oder schwenkten sie nach dem
Abpfiff.

Und nun ein
Einwurf.
Nein, ein
Eckball.
Nein, ein
Einball.
*Fußballreporter
Manfred „Manni"
Breuckmann*

Kurzer Pfosten, langer Pfosten

Manchmal ist vom kurzen oder langen Pfosten die Rede, zum
Beispiel beim Eckball „auf den kurzen Pfosten". Gemeint sind die
Torpfosten, und die sind natürlich beide gleich lang. Als kurzer
Pfosten wird der bezeichnet, der näher am Schützen ist. Der
lange Pfosten ist entsprechend der weiter entfernte. Bei einem
Eckstoß auf den kurzen Pfosten wird der Ball also zu einem
Mitspieler am näheren Torpfosten gespielt.

Abstoß

Spielt ein Angreifer den Ball über die Torlinie (und
nicht ins Tor), gibt es Abstoß für die verteidigende
Mannschaft. Da der Abstoß aus dem Torraum
geschieht, wird er in der Regel vom Torwart ausgeführt. Er kann aber auch von einem anderen
Spieler geschossen werden. Der Ball ist im Spiel,
wenn er mit dem Fuß gespielt wurde und sich
eindeutig bewegt. Er darf über das ganze
Spielfeld direkt ins gegnerische Tor fliegen! Die Gegner sind beim Abstoß
außerhalb des Strafraums.

Beim Abstoß wird der Ball häufig über
längere Entfernungen in die Hälfte des
Gegners geschlagen.

Freistoß und Strafstoß

Wer gegen die Regeln verstößt, einen Gegner foult oder sich unsportlich verhält, muss mit einer Strafe rechnen. Das kann ein Freistoß oder ein Strafstoß für die andere Mannschaft sein. Es gibt direkte und indirekte Freistöße. Ein direkter Freistoß darf direkt ins Tor des Gegners geschossen werden. Bei einem indirekten Freistoß muss ein zweiter Spieler den Ball zuvor berühren, sonst zählt der Treffer nicht.

Direkter Freistoß

Unvorsichtiges, rücksichtsloses Verhalten und übertriebene Härte führen zu einem direkten Freistoß für das andere Team, wenn ein Spieler
- einen anderen tritt,
- dem Gegenspieler ein Bein stellt,
- ihn anrempelt, anspringt oder bedrängt,
- den Gegner festhält,
- ihn anspuckt,
- ihn schlägt oder stößt.

Direkten Freistoß gibt es auch bei absichtlichem Handspiel.

Für die Entscheidung auf direkten Freistoß reicht der Versuch, diese Fouls zu begehen. Geschehen die Aktionen im eigenen Strafraum, gibt der Schiedsrichter sogar einen Strafstoß (Elfmeter) für die andere Mannschaft.

Indirekter Freistoß

Auf indirekten Freistoß für die andere Mannschaft entscheidet der Schiedsrichter zum Beispiel:
- wenn ein Torwart im eigenen Strafraum den Ball länger als sechs Sekunden festhält,
- wenn ein Torwart einen Ball mit der Hand anfasst, den ein Mitspieler ihm mit dem Fuß zuspielt,
- bei gefährlichem Spiel, wenn jemand verletzt werden könnte (ohne Körperkontakt der Spieler, sonst gibt es direkten Freistoß oder Strafstoß),
- wenn ein Spieler sich einem Gegner, ohne dass der Ball in erreichbarer Nähe ist, beim Laufen in den Weg stellt (Sperren ohne Ball),
- wenn ein Spieler den gegnerischen Torwart bei der Ballfreigabe behindert.

Auch nach einer Abseitsentscheidung des Schiedsrichters wird das Spiel mit einem indirekten Freistoß fortgesetzt.

Cristiano Ronaldo (Real Madrid) schießt beim Freistoß in die Dortmunder Mauer mit Robert Lewandowski, Sebastian Kehl und Marco Reus (Oktober 2012).

9,15 Meter entsprechen in England, dem Entstehungsland der ersten Fußballregeln,

10 Yards. Klingt gleich viel weniger krumm!

Bei einem Elfmeter hat der Torhüter nur eine geringe Chance, den Ball zu halten. Hier gelingt es Torwart Lukas Hradecky (Eintracht Frankfurt) im Duell gegen Djibril Sow (Borussia Mönchengladbach).

Freistöße schießen

Freistöße werden dort ausgeführt, wo der Regelverstoß begangen wurde. Der Ball muss ruhig am Boden liegen. Wenn die Verteidiger einen Freistoß im eigenen Strafraum bekommen, verlassen alle Gegner den Strafraum und halten mindestens 9,15 Meter Abstand zum Ball. Der Schütze muss den Freistoß aus dem Strafraum hinausschießen. Haben die Angreifer einen indirekten Freistoß im gegnerischen Strafraum, gilt ebenfalls der Abstand von 9,15 Metern für alle Gegenspieler. Ist der Punkt, von dem der Freistoß geschossen wird, näher am Tor, stehen sie auf der Torlinie zwischen den Pfosten.

Auch bei Freistößen außerhalb des Strafraums müssen die 9,15 Meter eingehalten werden. Ist das Tor in Schussnähe und die Angreifer haben einen Freistoß, dann stellen sich die Verteidiger davor zu einer Mauer auf. Bilden drei oder mehr Spieler des verteidigenden Teams eine Mauer, müssen alle Spieler des angreifenden Teams einen Abstand von mindestens 1 Meter zur Mauer einhalten, bis der Ball im Spiel ist.

Strafstöße schießen

Der Strafstoß wird vom Elfmeterpunkt geschossen. Außer dem Schützen und dem Torwart müssen alle Spieler mindestens 9,15 Meter hinter diesem Punkt auf dem Spielfeld sein. Der Torwart steht zwischen den Pfosten auf der Torlinie, bis der Schütze den Ball getreten hat. Der Strafstoß muss in Richtung Tor geschossen werden. Der Schütze darf nicht Anlauf nehmen und den Schuss dann nur antäuschen. Bevor er den Ball nach dem Strafstoß wieder spielt, muss ein anderer Spieler ihn berührt haben. Übrigens: Der im Strafraum gefoulte Spieler hat immer das Recht den Elfmeter auszuführen. Im Falle einer notwendigen Behandlung muss der Schiedsrichter dem Gefoulten die Möglichkeit einräumen, den Strafstoß selbst zu schießen. Es wird so lange gewartet, bis der Spieler schussbereit ist.

Neue Handregeln

Seit der Saison 2019/20 kann auch unabsichtliches Handspiel bestraft werden.

Per Hand erzielte Tore gelten grundsätzlich nicht mehr, unabhängig davon, ob eine Absicht vorlag. Gleiches gilt für Tore, denen in der Entstehung ein Handspiel der angreifenden Mannschaft vorausging. Lockerung für Keeper: Wenn dem Torwart bei einem Rückpass der Klärungsversuch mit dem Fuß misslingt, dann darf er den Ball danach in die Hand nehmen.

Gelbe und Rote Karte

Zusätzlich zu den Spielstrafen Freistoß und Strafstoß (→ S. 30 f.) sind Gelbe und Rote Karten persönliche Strafen für einzelne Spieler, Trainer oder Offizielle. Es gibt sie für Spieler seit der Weltmeisterschaft 1970, für Trainer und Offizielle seit 2019. Vorher wurden Verwarnungen und Platzverweise nur mündlich erteilt.

Gelbe Karte

Die Gelbe Karte zeigt eine Verwarnung an. Ein Spieler, Trainer oder Offizieller erhält sie z.B.:
- bei unsportlichem Verhalten (zum Beispiel bei einem Foul oder absichtlichen Handspiel; wenn er versucht, den Schiedsrichter durch eine „Schwalbe" zu täuschen, indem er sich fallen lässt, als wäre er gefoult worden; oder wenn er es nach einem Tor mit dem Jubel übertreibt und sein Trikot auszieht),
- bei Protest gegen Schiedsrichterentscheidungen,
- wenn ein Spieler immer wieder die Regeln missachtet,
- wenn er die Fortsetzung des Spiels absichtlich verzögert,
- wenn er bei einem Einwurf, Eckstoß oder Freistoß (→ S. 28 ff.) den Abstand nicht einhält,
- wenn er das Spielfeld betritt, ohne dass der Schiedsrichter es ihm erlaubt,
- wenn er das Spielfeld absichtlich verlässt ohne Zustimmung des Schiedsrichters.
- Betreten des Video-Überprüfungsraums (VÜR).

Es sah so aus, als ob der Schiedsrichter eine **neue Gelbe Karte** *hatte und sehen wollte, ob sie funktioniert.*

Richard Rufus

Emre Mor (Borussia Dortmund) sieht für diese Tätlichkeit gegen Sebastian Langkamp (Hertha BSC Berlin) die Rote Karte.

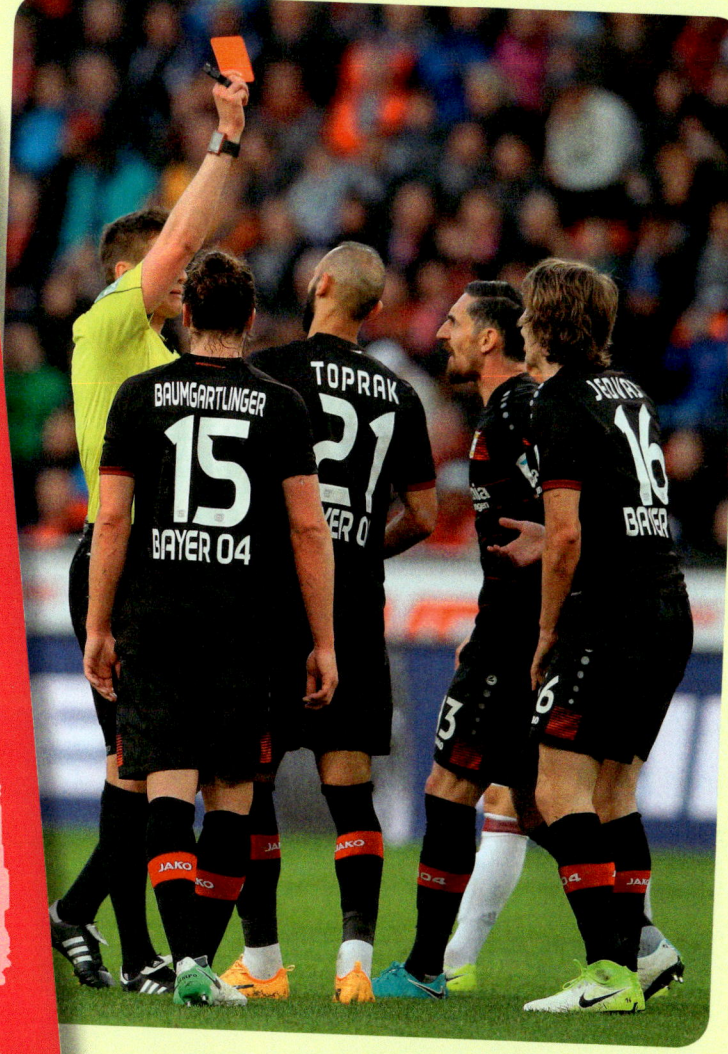

Rote Karte

Die Rote Karte zeigt einen Platzverweis an. Ein Spieler, Trainer oder Offizieller erhält sie z.B.:

• bei grobem Foulspiel (zum Beispiel wenn er in die Beine eines Gegners springt und dessen Verletzung in Kauf nimmt),

• bei übertriebener Härte oder Gewalt gegen Spieler, Schiedsrichter, Zuschauer oder andere Personen,

• wenn er andere anspuckt,

• wenn er andere Spieler oder den Schiedsrichter beleidigt,

• wenn er durch absichtliches Handspiel ein Tor oder eine Torchance der Gegner verhindert (nur der Torwart darf den Ball im eigenen Strafraum mit der Hand spielen),

• wenn er einen Angreifer, der eine klare Torchance hat, durch ein Foul stoppt (sogenannte „Notbremse"),

• nach der zweiten Gelben Karte im selben Spiel („Gelb-Rot").

Nach einer Roten Karte muss der Spieler den Platz ganz verlassen. Er darf sich nicht auf die Ersatzbank setzen.

Herr Lippens,
ich verwarne Ihnen!
Herr Schiedsrichter,
ich danke Sie!

*Willi Lippens,
der für diese Antwort
die Rote Karte sah*

Die Karten-Erfinder

Bei der WM 1966 erteilte Schiedsrichter Rudolf Kreitlein dem argentinischen Kapitän Antonio Rattin mündlich einen Platzverweis. Kreitlein war ein kleiner, schmaler Mann und der Argentinier wirkte gegen ihn wie ein Riese. Er weigerte sich, das Spielfeld zu verlassen. Angeblich hatte er den Stuttgarter Schiedsrichter nicht verstanden. Es kam zum Tumult, sodass schließlich sogar die Polizei eingriff. Nach dem Spiel, bei der Rückfahrt zum Hotel, brachten die Verkehrsampeln den englischen Schiedsrichterbetreuer Ken Aston auf eine Idee: Gelbe und Rote Karten sollten bei einer Verwarnung bzw. einem Platzverweis ein eindeutiges Signal für die Spieler sein. Er besprach den Vorschlag mit Kreitlein, der sich bei der FIFA dafür einsetzte.

Die schnellste Rote Karte bekam Walter Boyd vom FC Swansea im Spiel gegen Darlington 1999.

Nach **0** Sekunden im Einsatz musste Boyd vom Platz! Er wurde in einer Spielunterbrechung eingewechselt. Bevor der Schiedsrichter das Spiel fortsetzen konnte, schlug Boyd einem Gegenspieler seinen Ellbogen an den Kopf – Rote Karte!

19 Rote Karten vergab der Schiedsrichter in einem Spiel der spanischen Amateurliga, 18 davon nach Spielabbruch. In der Partie Recreativo Linense gegen Saladilo Algesiras war es zu einer Massenschlägerei gekommen.

Ebenfalls nach Schlägereien und Spielabbruch verteilte ein Schiedsrichter 2011 in der fünften argentinischen Liga eine Rekordzahl an Roten Karten: Insgesamt

36 gewesen sein – für alle Spieler, Ersatzspieler und die Trainer der Mannschaften CA Claypole und Victoriano Arenas!

Kann ein Spieler **3** Gelbe Karten in einem Spiel bekommen? Laut Fußballregeln geht das nicht, denn mit der zweiten gibt es Gelb-Rot und der Spieler muss vom Platz. Einem ist es trotzdem passiert: Bei der WM 2006 sah Josip Šimuniç (Kroatien) im Spiel gegen Australien dreimal Gelb! Der Schiedsrichter hatte sich vertan und bei der zweiten Gelben Karte den falschen Spielernamen aufgeschrieben.

Technik und Taktik

Trainer und Spielweise

Tolle Einzelspieler bilden nicht automatisch eine gute Mannschaft. Auch das Zusammenspiel muss funktionieren – und es braucht eine passende, auf Spieler und Gegner abgestimmte Taktik. Dafür ist der Trainer verantwortlich. Nicht nur sein sportliches Fachwissen ist gefragt, er sollte auch gut mit Menschen umgehen können und kreative Ideen zur Spielgestaltung entwickeln. Im Profifußball steht ihm ein fachkundiges Team zur Seite.

Es gibt Trainer, die hält beim Spiel nichts auf der Bank. Sie fiebern mit, schreien, toben, jubeln und diskutieren mit dem Vierten Offiziellen. Andere bleiben zumindest äußerlich ruhig. Wichtig ist, dass ein Trainer nie den Respekt verliert vor Spielern, Gegnern und Schiedsrichtern. Er sollte immer Vorbild sein.

Wir haben nur unsere Stärken **trainiert**, deswegen war das Training heute nach 15 Minuten abgeschlossen.
Josef Hickersberger

Jürgen Klopp

Geboren am: 16. Juni 1967 in Stuttgart
Größe: 1,93 m
Vereine als Spieler:
1972–1983 SV Glatten
1983–1987 TuS Ergenzingen
1987 1. FC Pforzheim
1987–1988 Eintracht Frankfurt II
1988–1989 Viktoria Sindlingen
1989–1990 Rot-Weiß Frankfurt
1990–2001 1. FSV Mainz 05 (Rekordspieler des FSV Mainz in der 2. Liga; 52 Tore)
Vereine als Trainer:
2001–2008 1. FSV Mainz 05
2008–2015 Borussia Dortmund
Seit 2015 FC Liverpool
Trainererfolge/Auszeichnungen:
2004 Aufstieg in die erste Bundesliga mit Mainz 05
2011 Deutsche Meisterschaft mit Borussia Dortmund
2012 Meisterschaft und DFB-Pokal mit dem BVB (Double)
2013 Champions-League-Finale mit dem BVB
2011, 2012 Fußballtrainer des Jahres in Deutschland
2013 2. Platz bei der Wahl zum FIFA-Fußballtrainer des Jahres
2016 Finalist League Cup und UEFA Europa League
2019 Champions-League-Sieger mit dem FC Liverpool
2019 FIFA-Fußballtrainer des Jahres

Training

Der Trainer kennt seine Spieler und weiß, wie er sie fördern kann.
Das übt er mit seiner Mannschaft:
• Spieltechnik,
• Ausdauer,
• Taktik, Spielzüge und Laufwege, Zusammenspiel,
• Standardsituationen wie zum Beispiel Freistöße, Eckstöße und Elfmeter sowie
• das schnelle Treffen von Entscheidungen im Spiel.

Dabei unterstützen ihn: Co-Trainer, Fitnesstrainer, Torwarttrainer und Sportpsychologe.

FIFA Trainer des Jahres (Männerfußball)

2018	Didier Deschamps	Französische Nationalmannschaft
2017	Zinédine Zidane	Real Madrid
2016	Claudio Ranieri	Leicester City
2015	Luis Enrique	FC Barcelona
2014	Joachim Löw	Deutsche Nationalmannschaft
2013	Jupp Heynckes	FC Bayern München
2012	Vincente Del Bosque	Spanische Nationalmannschaft

Seit drei, vier Wochen haben die Spieler keine Angst mehr vor mir.
Hans Meyer

FIFA Trainer/-in des Jahres (Frauenfußball)

2018	Reynald Pedros	Olympique Lyon
2017	Sarina Wiegmann	Nationalmannschaft der Niederlande
2016	Silvia Neid	Deutsche Nationalmannschaft
2015	Jill Ellis	Nationalmannschaft der USA
2014	Ralf Kellermann	VfL Wolfsburg
2013	Silvia Neid	Deutsche Nationalmannschaft
2012	Pia Sundhage	Nationalmannschaft der USA

Mannschaftsführung

Kumpel oder Chef – der Trainer muss den richtigen Ton treffen bei seinen Spielern. Dann kann er:
- den Zusammenhalt der Mannschaft stärken,
- Ansprechpartner für die Spieler sein,
- seine Spieler zu Höchstleistungen antreiben,
- mit ihnen gemeinsam Siege feiern und mit Niederlagen umgehen.

Aufgaben des Trainers

Wettbewerbe

Wettkämpfe beginnen für den Trainer bereits vor dem jeweiligen Spiel und sind mit dem Abpfiff nicht zu Ende. Der Trainer:
- sieht sich Spiele der Gegner vorher an (Video-analyse, Besuche im Stadion),
- bestimmt die eigene Taktik und bespricht sie mit seiner Mannschaft,
- stimmt sein Training daraufhin ab,
- ändert die Taktik wenn nötig während des Spiels oder in der Halbzeitpause,
- analysiert das Spiel im Nachhinein und bespricht es mit seinen Spielern.

Dabei unterstützen ihn: Co-Trainer, Torwarttrainer, Fitnesstrainer und Sportpsychologe.

Verantwortung für die Spieler

Nur ein gesunder Spieler kann auf dem Platz seine volle Leistung bringen. Darum muss der Trainer:
- die Gesundheit seiner Spieler im Auge behalten,
- entscheiden, ob ein Spieler fit und einsetzbar ist.

Dabei unterstützen ihn: Ärzte, Reha-/Fitnesstrainer, Physiothera-peuten, Ernährungsberater/Koch und Sportpsychologe.

Aufgaben im Verein

Ein Trainer kann seinen Klub mitgestalten durch:
- sportliche Zielsetzungen,
- Mitsprache bei Spielereinkäufen,
- Talentförderung.

Er vertritt den Verein auch nach außen. Das wird vom Trainer erwartet:
- Interviews,
- Pressekonferenzen,
- dass er seine Entscheidungen öffentlich recht-fertigt,
- dass er zu Erfolgen, Niederlagen, Spielertransfers u. Ä. Stellung nimmt.

Dabei unterstützen ihn: Pressesprecher und Sportdirektor/Manager.

Spielsysteme

Der Trainer legt die Taktik fest und stellt die Mannschaft entsprechend auf. Je nach Gegner und Wettbewerbssituation wählt er eine offensive oder defensive Spielweise. Defensiv heißt, dass ein Team vor allem darauf achtet, kein Tor zu kassieren und Konterchancen zu nutzen. Bei einer offensiven Aufstellung hat der Angriff Vorrang. Natürlich darf auch dabei die Verteidigung nicht vernachlässigt werden.

Spielsysteme legen Anzahl und Grundpositionen von Verteidigern, Mittelfeldspielern und Angreifern eines Teams fest. So weiß jeder, wo sein Platz und was seine Aufgabe ist. Das heißt aber heutzutage nicht mehr, dass die Spieler auf ihren Positionen „kleben". Im modernen Fußball laufen Verteidiger auch mit vor das gegnerische Tor, Mittelfeldspieler erkämpfen Torchancen und Stürmer unterstützen die Abwehr.

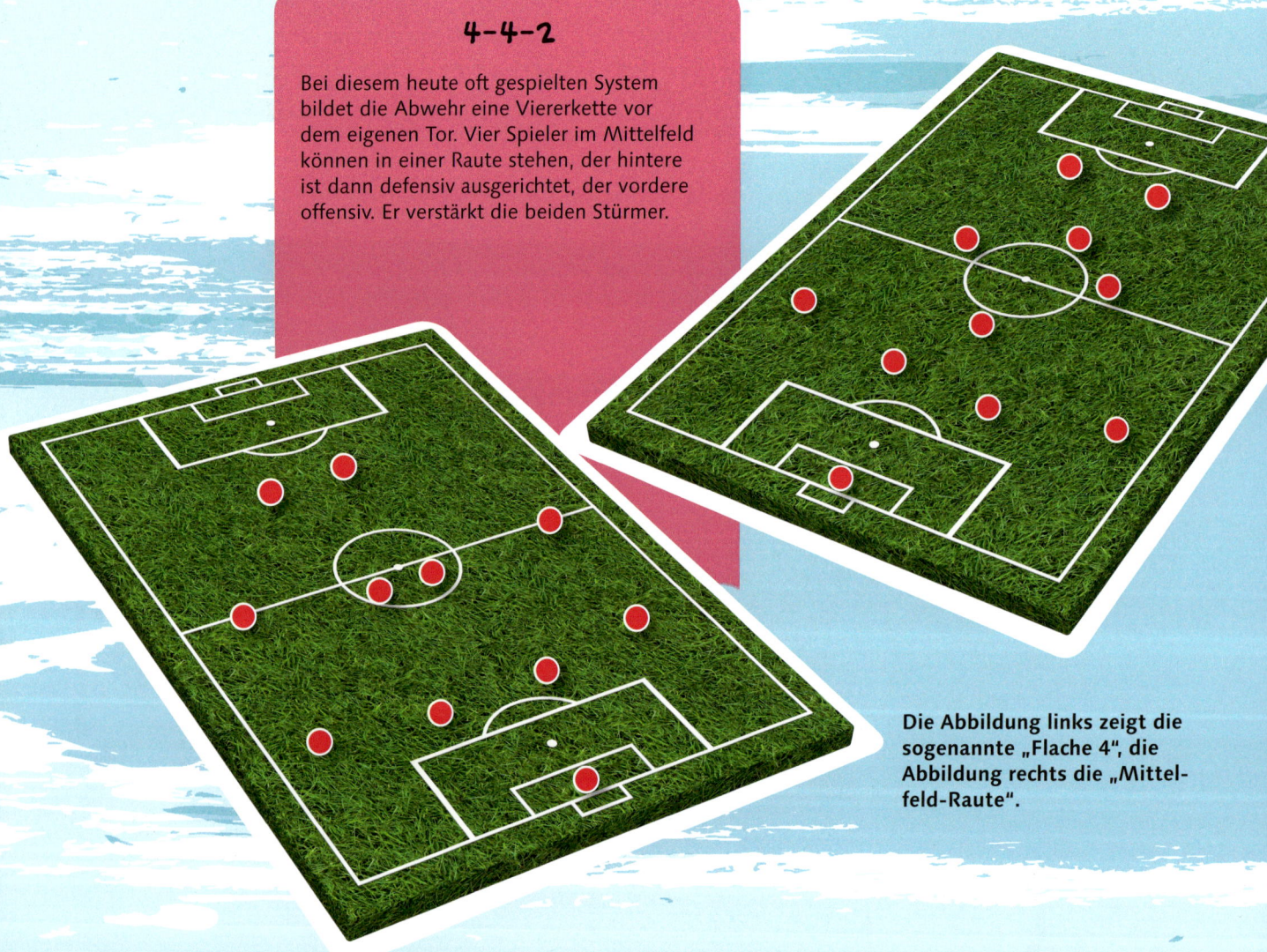

4-4-2

Bei diesem heute oft gespielten System bildet die Abwehr eine Viererkette vor dem eigenen Tor. Vier Spieler im Mittelfeld können in einer Raute stehen, der hintere ist dann defensiv ausgerichtet, der vordere offensiv. Er verstärkt die beiden Stürmer.

Die Abbildung links zeigt die sogenannte „Flache 4", die Abbildung rechts die „Mittelfeld-Raute".

Kick and Rush

Diese Spielweise wurde eine Zeit lang den Engländern zugeschrieben: Die Verteidigung spielte den Ball weit nach vorne, die Stürmer übernahmen. „Kick and Rush" wird heute nur noch vereinzelt, je nach Spielsituation eingesetzt. Gefahr dabei ist, dass die gegnerische Mannschaft an den lang geschlagenen Ball kommt und kontert, das heißt, den Gegenangriff startet.

Catenaccio

Das klassische italienische Defensivspiel baute auf eine zahlenmäßig überlegene Verteidigung in der eigenen Hälfte, die den Gegner vor dem Tor ausbremste. Angriffschancen erarbeitete sich das Team durch schnelle Konter – also rasches Umschalten von Abwehr auf Angriff nach einem Ballverlust der Gegner. Heute kommt diese Taktik nur noch in einzelnen Situationen zum Tragen. Ein gesamtes Spiel so aufzubauen, ist nicht mehr Erfolg versprechend.

5-3-2

Schon zahlenmäßig ist klar: Hier liegt der Schwerpunkt in der Verteidigung. Solches „Mauern", also das Blockieren des eigenen Tors, ist bei Zuschauern nicht beliebt, weil wenige Treffer fallen. Das Spiel wirkt eher statisch und wird schnell langweilig.

4-2-3-1

Zwei Mittelfeldspieler spielen vor der Abwehr als sogenannte „Doppelsechs". Früher war die 6 die klassische Rückennummer des defensiven Mittelfeldspielers. In diesem System gibt es zwei Spieler auf dieser Position, daher die Bezeichnung. Heutzutage ist einer der beiden in der Regel etwas offensiver ausgerichtet. Zusätzlich unterstützen ein offensiver Mittelfeldspieler und zwei Flügelspieler den Stürmer.

Jogi Löw hat jetzt sein System geändert. Er lässt nicht mehr **4-4-2** spielen, sondern spielt jetzt ein **4-4-3.**

Oliver Kahn

Totaler Fußball

In den 1970er-Jahren setzten die Niederländer auf „totalen Fußball": Alle Spieler konnten bei diesem offensiven System auf jeder Position spielen und passten ihre Plätze und Aufgaben je nach Spielsituation an. Alle Feldspieler greifen hierbei gemeinsam an oder verteidigen zusammen.

Tiki-Taka

Die Spanier führten das schnelle Kurzpassspiel als Angriffstaktik ein: Der Ball wird rasch zwischen den Kickern weitergegeben, möglichst bei nur einem Ballkontakt. Die gesamte Mannschaft beteiligt sich am Angriff und an der Verteidigung. Hohes Tempo, gute Reaktionen und sicheres Passspiel sind Voraussetzungen für ein erfolgreiches „Tiki-Taka". Dann hat der Gegner schlechte Chancen, in Ballbesitz zu kommen.

Der Torwart

Neben Wendigkeit und hervorragenden Reaktionen braucht ein Torwart Mut und gute Nerven. In der Regel ist er der letzte Mann, der ein gegnerisches Tor verhindern kann. Er muss Angreifer richtig einschätzen und rasch eine Entscheidung treffen. Die sollte er seinem Gegner allerdings so spät wie möglich zeigen. Denn sobald der Torwart sich bewegt, hat der Stürmer eine Chance, die Lücke im Tor zu erkennen.

Mitspielender Torwart

Heutzutage sind Torhüter auch am Spielaufbau beteiligt. Sie gehen weit aus ihrem Tor heraus, um Anspielstation für ihre Teamkollegen zu sein. Mit dem Abschlag oder Abwurf startet der Torwart den Angriff und kann sogar ein Tor seiner Mannschaft vorbereiten.

Fangen und Faustabwehr

Bei einem Schuss auf sein Tor wird der Torwart versuchen, den Ball sicher zu fangen und an seinen Körper zu drücken. Ist das nicht möglich, kann er ihn auch mit der Faust wegboxen oder mit den Fingern abwehren. Das gibt den Angreifern jedoch eventuell die Gelegenheit zum Nachschuss. Der Torwart sollte den Ball deshalb nicht in den eigenen Strafraum fausten, sondern möglichst zur Seite, über das Tor ins Aus oder weit nach vorne. Im Bild oben hechtet Gianluigi Buffon nach dem Ball.

Zettel in der Socke

Beim WM-Viertelfinale 2006, Deutschland gegen Argentinien, kam es zum Elfmeterschießen. Immer wieder griff der deutsche Torhüter Jens Lehmann vor den Schüssen der Gegner in seine Socke, zog einen kleinen Zettel heraus und las ihn. Torwarttrainer Andreas Köpke hatte darauf mit Bleistift die Namen möglicher Schützen notiert und welche Torecke sie bevorzugten. Obwohl nicht alle Namen draufstanden, hielt Lehmann zwei Elfmeter und die Deutschen kamen ins Halbfinale. Vielleicht hat der Blick auf den Zettel dazu beigetragen, die argentinischen Schützen zu verunsichern. Der Zettel wurde für einen guten Zweck versteigert und an das „Haus der Geschichte" in Bonn übergeben.

Außenseite

Innenseite

Außenspann

Innenspann

Vollspann

Herauslaufen

Stürmt ein Angreifer allein mit dem Ball in Richtung Tor, kann der Torhüter auf den Stürmer zulaufen. Er zeigt dadurch Präsenz und verengt den Schusswinkel. Die Möglichkeiten, den Ball an ihm vorbei ins Tor zu schießen, werden kleiner. Der Torwart deckt eine größere Fläche vom Tor ab.

Fußballschule: Der richtige Griff

So fängst du sicher:

Bei flachen Bällen öffnest du die Handflächen mit den Fingerspitzen nach unten. Die kleinen Finger sind in der Mitte beieinander. Bringe deinen Körper hinter den Ball und setzte ein Knie auf dem Boden auf. Dann kann der Ball nicht zwischen deinen Beinen hindurchrollen.

Bei Bällen in Brusthöhe und höher drehst du die geöffneten Hände nach oben. Die Handflächen zeigen nach vorn zum Ball, die Daumen in der Mitte zueinander. Halte die Augen auf den Ball gerichtet. Deine Hände bewegen sich beim Fangen auf den Ball zu. Wenn du ihn hast, ziehe ihn an deinen Körper. Übe das Fangen mit einem Freund, der dir Bälle zuspielt.

Ein Torhüter muss **Ruhe ausstrahlen.** Er muss aber aufpassen, dass er dabei nicht **einschläft.**
Sepp Maier

Abschlag und Abwurf

Nachdem ein Torhüter den Ball gefangen hat, bringt er ihn mit einem Abschlag oder Abwurf wieder ins Spiel. Beim Abschlag wird der Ball mit dem Vollspann (der Oberseite des Fußes) hoch und weit nach vorne geschossen. Der Abwurf kann mit aufrechtem Oberkörper nach oben geschehen oder der Ball wird bei kurzer Entfernung in gebeugter Haltung flach über den Boden gerollt.

Je weiter und genauer ein Torwart seinen Abwurf oder Abschlag platziert, umso näher bringt er seine Mitspieler mit dem Ball ans gegnerische Tor heran. Die Gegner werden natürlich versuchen, den Ball abzufangen.

Manuel Neuer gilt als mitspielender Torwart. Er beteiligt sich am Spielaufbau. Weite, zielgenaue Abwürfe gehören zu seinen Stärken.

Die Abwehr

Eine gute Abwehr sorgt dafür, dass die gegnerische Mannschaft erst gar keine Torchance bekommt. Verteidiger müssen aufmerksam sein und ihre Gegenspieler immer im Auge behalten. Sie stören Angreifer auf dem Weg zum Tor und jagen ihnen den Ball ab.

Die Deckung hat Angst vor ihrem schwachen Torwart. Deshalb spielt sie so gut.

Udo Lattek

Douglas Santos (Hamburger SV) gegen Kingsley Coman (FC Bayern München).

Mann- oder Raumdeckung

Es gibt verschiedene Arten, wie die Abwehr ihr Tor sichern kann: Bei der Manndeckung ist jeder Verteidiger einem bestimmten Gegenspieler zugeordnet. Er bleibt nah an ihm dran und bewacht ihn ständig.

Bei der heute üblicheren Raumdeckung bewachen die Verteidiger bestimmte Spielfeldbereiche. Läuft ein Angreifer in einen anderen Abschnitt, übernimmt der nächste Verteidiger. Fehler passieren, wenn sich keiner für einen Stürmer zuständig fühlt. Auch Mischformen von Mann- und Raumdeckung sind möglich.

Die Vierer-Abwehrkette

Bei der Raumdeckung gibt es die Möglichkeit der Viererkette. Das heißt, dass in der Grundposition vier Abwehrspieler in einer Reihe parallel zur Torlinie vor dem eigenen Tor stehen. Die beiden Enden der Kette sind die Außenverteidiger. Sie unterstützen außerdem den Angriff über die Flügel, also entlang der Seitenlinien. Eine gut funktionierende Abwehrkette ist Voraussetzung für die Abseitsfalle (→ S. 27).

Tackling

Das Tackling ist eine Grundtechnik der Verteidigung. Es dient dazu, im Zweikampf den Ball des Gegners zu erobern. Dabei wird der Ball mit dem eigenen Fuß geblockt oder mit einer Grätsche vom Fuß des Gegners gespielt. Wichtig ist, dass der Ball getroffen wird und nicht das Bein oder der Fuß des Angreifers. Das wäre ein Foul mit hoher Verletzungsgefahr! Der Verteidiger kann dafür die Gelbe oder Rote Karte sehen – je nachdem, wie groß der Schiedsrichter die Gefahr einschätzt.

Bei einem Freistoß in Tornähe bilden Spieler der abwehrenden Mannschaft eine Mauer, um die Schussmöglichkeiten aufs Tor zu verringern.

Niklas Süle

Position: Abwehr
Geboren am: 3.9.1995
Größe: 1,95 m
Verein: FC Bayern München
Erfolge (Auswahl):
Confed Cup-Sieger 2017
Deutscher Meister 2018, 2019
DFB-Pokal-Sieger 2019

Heutzutage ist Vielseitigkeit auf allen Positionen gefragt: Moderne Abwehrspieler wie Niklas Süle übernehmen mehr Aufgaben als das Abschirmen des eigenen Tors. Sie können das Angriffsspiel eröffnen und sind auch vorne, vor dem Tor des Gegners gefährlich. Zum Beispiel sind Verteidiger oft groß und haben ein gutes Timing für Kopfbälle, die in der Abwehr und auch im Angriff extrem wichtig sind.

Fußballschule: Ballsicherheit

Als Verteidiger musst du den Ball immer unter Kontrolle haben. Den sicheren Umgang mit dem Ball kannst du üben, indem du ihn zum Beispiel mit beiden Füßen jonglierst: Kicke den Ball immer wieder mit dem Vollspann gerade nach oben, ohne dass er zwischendurch den Boden berührt. Achte darauf, dass du deinen Oberkörper dabei nicht nach hinten beugst. Zähle deine Ballkontakte. Übe das Jonglieren auf verschiedenen Höhen: Kicke den Ball bis in Knie-, Hüft-, Brust- und Kopfhöhe. Trainiere immer mit beiden Füßen!

84,5 Millionen Euro Ablöse an den FC Southampton zahlte der FC Liverpool Ende 2017 für den Innenverteidiger Virgil van Dijk. Dank dieses Coups wurde der Niederländer zum bis dahin teuersten Abwehrspieler aller Zeiten.

Das Mittelfeld

Ideenreichtum, technisch perfekte Einzelspieler und eine gute Zusammenarbeit zeichnen ein starkes Mittelfeld aus. Ausdauer ist eine weitere Voraussetzung für den Erfolg. Denn Mittelfeldspieler überbrücken den Weg zum gegnerischen Tor und legen weite Laufwege zurück. Sie haben sowohl defensive als auch offensive Aufgaben: Mittelfeldspieler setzen Angreifer unter Druck, erobern den Ball und leiten den Angriff der eigenen Mannschaft ein. Sie bereiten Torschüsse vor und erzielen selbst Treffer.

Pässe

Ein Pass ist das genaue Zuspiel zu einem Team-kollegen. Pässe müssen sicher geschossen werden, damit der Gegner den Ball nicht abfangen kann. Beim Steilpass wird der Ball in den Laufweg eines Mitspielers gekickt. Dazu muss der Schütze den Weg und die Schnelligkeit des Spielers richtig einschätzen.

Je nach Taktik und Situation spielen manche Teams One-Touch-Fußball: Der Ball wird nach nur einem Kontakt mit einem schnellen Kurzpass an einen Mitspieler weitergegeben.

Julian Brandt ist für seine präzisen Pässe und sein sicheres Dribbling bekannt.

Fußballschule: Hindernis-Dribbling

Bau dir einen Trainingsparcours: Als Hindernisse dienen Jacken, Taschen, Plastiktrinkflaschen und andere Gegenstände, die beim Umfallen nicht kaputtgehen. Sie dürfen auch keine scharfen Kanten haben, damit du dich nicht verletzt. Lege und stelle sie mit etwas Abstand voneinander hin und dribble im Slalom um sie herum. Setze dazu beide Füße ein. Verändere Abstände und Lage der Hindernisse und versuche es erneut. Du kannst von einem Freund deine Zeit stoppen lassen. Nach jedem Durchgang wechselt ihr.

Dribbling

Beim Dribbling läuft ein Spieler allein mit dem Ball und führt ihn eng am Fuß. Das verringert die Möglichkeiten für Gegenspieler, den Ball zu erobern. Verschiedene Tricks und Finten dienen dazu, den Gegner zu täuschen. Der Spieler zeigt zum Beispiel mit seiner Körperhaltung an, dass er rechts an einem Gegenspieler vorbeidribbeln möchte. Sobald der Gegner darauf einsteigt, ändert er schnell seine Richtung und kickt den Ball nach links.

Im Pokalfinale 2019 schießt Mittelfeldspieler Leon Goretzka aufs Tor. Sein Treffer wurde jedoch nicht gezählt, da Robert Lewandowski im Abseits stand.

Flügelspiel

Flügelspieler greifen den Gegner über die Seiten an. Sie laufen mit dem Ball nach vorn, um ihn einem Stürmer zuzuspielen oder eine Flanke in den gegnerischen Strafraum zu schlagen. So kann ein Team beim Angriff die ganze Spielfeldbreite nutzen und die Abwehr der Gegner auseinanderziehen.

Pressing

Das Mittelfeld-Pressing ist eine Verteidigungstaktik, an der sich die gesamte Mannschaft beteiligt. Ziel ist, den Gegner früh beim Spielaufbau zu stören – manchmal schon vor dessen Strafraum – und selbst an den Ball zu kommen. Alle Spieler orientieren sich am Ball, der Ballführende wird attackiert und seine Passmöglichkeiten werden blockiert. Ihm bleibt wenig Raum zum Laufen oder Abspielen. Kommt es zum Ballverlust des Gegners, muss die Mannschaft sofort auf Angriff umschalten.

Die **10** ist traditionell die Rückennummer des Spielmachers im offensiven Mittelfeld (oder auch im Sturm). Der 10er behält die Übersicht, ist immer anspielbar und gestaltet das Spiel entscheidend mit. Als herausragende Spielmacher mit der Nummer 10 galten zum Beispiel Pelé, Diego Maradona, Lothar Matthäus und Zinédine Zidane. Die heutigen Spielmacher tragen nicht mehr automatisch diese Rückennummer. Die Bezeichnung 10er für Ausnahmespieler wie Lionel Messi, Neymar oder Kevin de Bruyne ist aber geblieben.

Der Angriff

Hauptaufgabe von Offensivspielern ist es, Tore zu erzielen. Und weil mit Toren Spiele gewonnen werden, sind es meist die Stürmer, die das größte Interesse von Zuschauern und Medien auf sich ziehen. Doch auch die Anforderungen an Angreifer haben sich im Laufe der Zeit gewandelt: Früher hatten sie ihre feste Position vor dem Tor und konnten auf das Zuspiel der anderen warten. Heute arbeiten sie wie alle im Gesamtsystem der Mannschaft mit.

Torschuss

Vor dem gegnerischen Tor muss ein Angreifer rasend schnell mehrere Entscheidungen treffen: Schießt er selbst aufs Tor oder ist ein Mitspieler in besserer Position? Der Schütze muss eine Torecke wählen und er bestimmt, welche Schusstechnik er anwendet. Bei alldem heißt es: Ruhig bleiben! Der Torschuss sollte zielgenau und kraftvoll sein. Er kann mit Effet geschossen werden, das heißt, der Ball bekommt einen Drall und fliegt eine Kurve. Solche Bälle sind oft schwerer zu halten. Die meisten Spieler haben einen starken Fuß, mit dem sie in der Regel schießen. Man spricht dann von Links- oder Rechtsfuß. Angreifer, die mit beiden Füßen gleich gut treffen, sind besonders gefährlich, weil der gegnerische Torhüter sie schlechter einschätzen kann.

Fallrückzieher – wie dieser von Rafinha – setzen technisches Können und körperliche Fitness voraus. Die Schusstechnik ist erlaubt, wenn kein Gegenspieler dabei verletzt werden kann.

Spektakuläre Fallrückzieher

Der deutsche Stürmer Klaus Fischer war berühmt für seine Fallrückzieher. Sein Fallrückziehertor für die Nationalmannschaft im Länderspiel Deutschland gegen die Schweiz am 16.11.1977 wählten die ARD-Fernsehzuschauer zum Tor des Jahres, Tor des Jahrzehnts und schließlich sogar Tor des Jahrhunderts!
Auch 2012 gewann ein Tor durch Fallrückzieher die Zuschauerwahl: Im Freundschaftsspiel Schweden gegen England am 14.11.2012 erzielte Zlatan Ibrahimovic den spektakulären Treffer für die schwedische Nationalmannschaft aus ca. 25 Metern Entfernung! Bei solchen Aktionen helfen dem Stürmer sein Körpergefühl und seine Beweglichkeit. Beides trainiert Ibrahimovic auch beim Taekwondo.

Manni Flanke, ich Kopf – Tor!
Horst Hrubesch

40 Jahre lang galt der Rekord von FC Bayern-Stürmer Gerd Müller: 1972 hatte Müller 85 Pflichtspieltore in nur einem Kalenderjahr erzielt. Erst 2012 wurde dieser Rekord überboten: Messi erhöhte auf 91 Tore und wurde im selben Jahr zum vierten Mal in Folge Weltfußballer des Jahres.

Kopfballtor

Angreifer (im Bild oben: Jannik Vestergaard) sind kopfballstark – und können Flanken ins Tor köpfen. Dabei sind nicht nur Größe und Sprungkraft eines Angreifers entscheidend, auch sein Absprung im richtigen Moment ist wichtig.

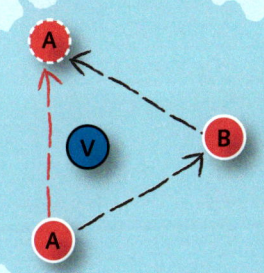

Doppelpass

Mit einem Doppelpass tricksen zwei Spieler gemeinsam die Verteidigung aus: Der erste läuft mit dem Ball auf den Verteidiger zu und passt ihn vor dem Gegner zu seinem Mitspieler. Dann läuft er am Verteidiger vorbei und der Mitspieler passt ihm den Ball sofort wieder zu.

Fußballschule: Torschuss-Technik

Direkt und kraftvoll schießt du mit dem Vollspann aufs Tor: Setze dein Standbein neben den Ball und hole mit dem Schussbein aus. Ziehe es mit gebeugtem Knie weit nach hinten. Dann lass das Bein nach vorne schnellen und führe deinen Schussfuß hinter den Ball. Die Fußspitze zeigt dabei nach unten. Das Bein schwingt nach vorne durch.

Doppelpass alleine? Vergiss es!
Lukas Podolski

Argentiniens Lionel Messi in einem Freundschaftsspiel gegen Deutschland auf dem Weg zum Tor.

Aufstellung und Analyse

Kopiere diese Seite, schneide die Trikots aus und schreibe die Namen deiner Traum-Elf darauf. Auf dem Fußballfeld kannst du deren Aufstellung in verschiedenen Spielsystemen (→ S. 38) testen. Welche möglichen Spielzüge ergeben sich daraus?

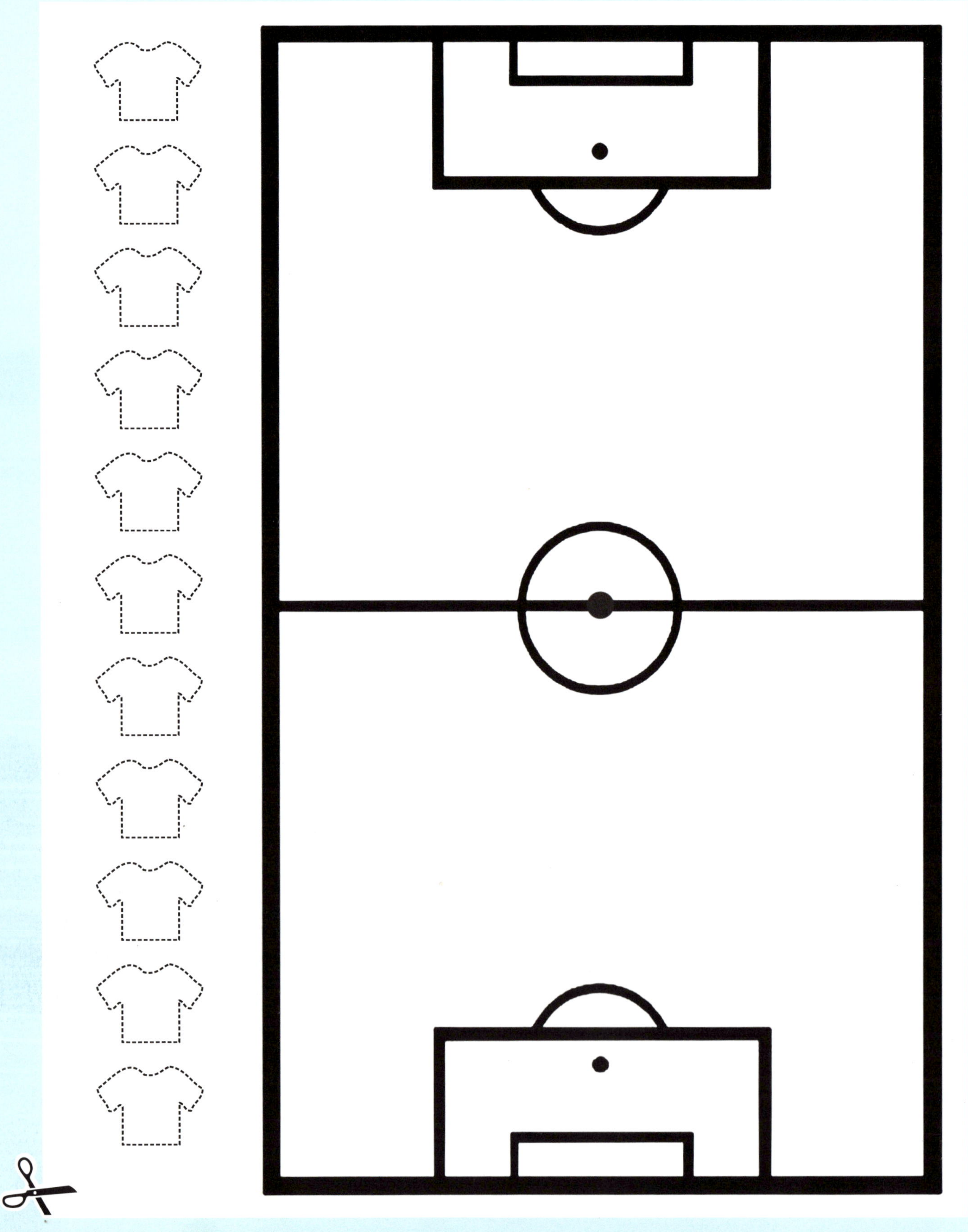

Jugend-
fußball

Fußballnachwuchs

Auch die ganz großen Fußballstars haben einmal klein angefangen – auf der Straße, dem Spielplatz, zu Hause, im Kindergarten, in der Schule. Wenn die Fußballleidenschaft über das gelegentliche Kicken mit Freunden hinausgeht, sollte man Mitglied in einem Verein werden. Die Nachwuchsförderung ist dort eine wichtige Aufgabe. Bereits im Vorschulalter können Kinder am Fußballtraining teilnehmen. Damit es fair zugeht und etwa gleich starke Gegner aufeinandertreffen, werden Kinder und Jugendliche in verschiedene Altersklassen eingeteilt.

Halbzeit!

Verringerte Mannschaftsgrößen

In der G-Jugend laufen bis zu sechs Kicker pro Team über den Rasen, in der F- und E-Jugend sind es bis zu sieben, in der D-Jugend bis zu neun Spieler pro Mannschaft. Ab der C-Jugend müssen sieben bis elf Mannschaftsmitglieder auf dem Platz stehen. B-Juniorinnen spielen auf Regionalverbands- und DFB-Ebene auf einem Normalspielfeld mit elf Spielerinnen pro Team.

Altersklassen

G-Junioren/G-Juniorinnen (Bambini)	bis 6 Jahre
F-Junioren/F-Juniorinnen	6–8 Jahre
E-Junioren/E-Juniorinnen	8–10 Jahre
D-Junioren/D-Juniorinnen	10–12 Jahre
C-Junioren/C-Juniorinnen	12–14 Jahre
B-Junioren/B-Juniorinnen	14–16 Jahre
A-Junioren/A-Juniorinnen	16–18 Jahre

Bis zur D-Jugend sind gemischte Mannschaften mit Mädchen und Jungen möglich. In der C- und B-Jugend ist die Zustimmung der Eltern Voraussetzung dafür. Mädchen im Alter der A-Junioren spielen in der Regel bereits in Frauenmannschaften. In einigen Landesverbänden wurden versuchsweise A-Juniorinnen-Mannschaften eingeführt.

Abgewandelte Regeln

Viele Fußballregeln sind für den Nachwuchs vereinfacht. Bis zur E-Jugend gibt es zum Beispiel kein Abseits, keine Gelbe und Rote Karte und nur direkte Freistöße. Strafstöße werden aus acht Metern Entfernung geschossen. Außerdem sind beliebig viele Auswechslungen möglich und ein Spieler, der vom Trainer herausgenommen wurde, kann später wieder eingewechselt werden.
In der G- und F-Jugend werden noch keine Meisterschaften ausgetragen. Kinder dieser Altersklassen können aber an Turnieren und Freundschaftsspielen teilnehmen.

Kürzere Spieldauer

Die Spieldauer von 90 Minuten gilt erst ab der A-Jugend. Für alle anderen Altersklassen ist eine kürzere Spielzeit vorgesehen:

B-Jugend	2 x 40 Minuten	
C-Jugend	2 x 35 Minuten	
D-Jugend	2 x 30 Minuten	
E-Jugend	2 x 25 Minuten	
F-Jugend	2 x 20 Minuten	
G-Jugend/Bambini	höchstens 2 x 20 Minuten	

Eine Verlängerung beträgt in der A-Jugend maximal 2-mal 15 Minuten und in der B-Jugend maximal 2-mal 10 Minuten. Alle jüngeren Altersklassen spielen eine Verlängerung von 2-mal 5 Minuten.

Fußballschule: Den richtigen Verein finden

Du suchst einen Fußballverein für dich? Frage deine Freunde und Lehrer oder informiere dich im Internet, z. B. auf der Homepage deiner Gemeinde oder des ortsansässigen Fußball- oder Sportvereins.
Nicht alle Fußballvereine haben auch eine Mädchen-mannschaft. Der DFB (Deutscher Fußball-Bund) stellt auf seiner Internetseite eine Linkliste bereit, in die sich Vereine mit Frauen- und Mädchenmannschaften eintragen können (→ S. 136).

Kleineres Spielfeld

Von den Bambini bis zur D-Jugend wird auf einem verkleinerten Fußballfeld gespielt. Die Bälle sind leichter, die Tore höchstens fünf Meter breit und zwei Meter hoch. Ab der C-Jugend kann das Spielfeld verkleinert sein, es darf aber auch schon die normale Größe haben.

Philipp Lahm: Mit fünf zur FT Gern

Mit gerade mal fünf Jahren startete Philipp Lahm seine Fußballkarriere bei der Freien Turnerschaft München Gern. Der Verein liegt im Stadtteil, in dem Philipps Familie lebt, und auch sein Vater spielte bereits dort. Als Philipp in der D-Junioren-Mann-schaft kickte, wurden der FC Bayern und der TSV 1860 München auf sein Talent aufmerksam. Beide Vereine luden ihn zum Probetraining ein und mit zwölf Jahren kam er zum FC Bayern, wo er seine Profikarriere 2017 auch beendete. Dem Klub FT Gern ist Philipp Lahm nach wie vor eng verbunden. Kinder, die weniger behütet und zum Teil in großer Armut aufwachsen, unterstützt er mit einer eigenen Stiftung. Sie fördert Projekte in den Bereichen Sport und Bildung in Afrika und Deutschland.

Beim Training und bei den Spielen geht es nicht nur um fußballerisches Können, sondern auch um Teamgeist.

Junge Profis

Wer aus der Jugendmannschaft heraussticht und auffällig gut spielt, gilt als Talent. Um sich im Spitzenfußball international auch in Zukunft behaupten zu können, werden begabte Nachwuchskicker in Deutschland besonders gefördert. Verschiedene Organisationen arbeiten dabei eng zusammen.

Landesverbände und Vereine

Talentförderung beginnt im Amateurverein. Landesverbände bilden Trainer für Kinder und Jugendliche aus und sorgen für altersgerechte Wettbewerbe. Sie stellen Auswahlteams mit den besten Nachwuchsspielern in verschiedenen Altersklassen für Sichtungsturniere des DFB und bereiten die Kinder und Jugendlichen darauf vor.

Talentsichtung

Bevor Talente gefördert werden können, muss man sie erst einmal entdecken. Verbände und Vereine veranstalten Sichtungstermine, Talentsucher beobachten Spieler auf dem Platz beim Training und Wettkampf. Bei Sichtungsturnieren des DFB (→ S. 102) spielen Auswahlteams der Landesverbände gegeneinander.

Talentförderprogramm des DFB

Der DFB sichtet und fördert Fußballtalente an Stützpunkten in ganz Deutschland. In einem auf sie zugeschnittenen Zusatztraining werden die Nachwuchsspieler auf die Leistungszentren der Bundesligavereine und die Eliteschulen des Fußballs vorbereitet.

Worauf es ankommt

Trainer und Talentscouts achten bei der Sichtung bzw. dem Probetraining auf technische und taktische Fähigkeiten der Nachwuchsspieler. Die Zusammenarbeit im Team sollte gut funktionieren – wer nur allein Kunststücke mit dem Ball vorführt und den Rest der Mannschaft dabei vergisst, wird wenig Erfolg haben. Spielfreude, Ausdauer, Schnelligkeit, ein starkes Selbstbewusstsein und Ideenreichtum sind ebenfalls gefragt.

Wenn ich nicht Fußballer geworden wäre, wäre ich **Superman** geworden.
Cristiano Ronaldo

Viele Spieler der jungen deutschen Nationalmannschaft, die sich im Juli 2017 über den Sieg des Confederation Cups freuen konnten, haben die Nachwuchsabteilungen oder Leistungszentren eines Bundesligavereins besucht.

TALENTFÖRDERUNG

Ferienangebote

Einige Landesverbände und Vereine bieten Fußballschulen und Camps in den Ferien an. Termine und Informationen hierzu werden auf der Internetseite des DFB veröffentlicht und können direkt bei den Vereinen erfragt werden.

Eliteschulen des Fußballs

Eliteschulen des Fußballs arbeiten mit Leistungszentren zusammen und dienen dazu, auch bei intensivem, zeitaufwendigem Training eine schulische Ausbildung zu gewährleisten. Denn wenn es mit der Profikarriere nicht klappt, sollen den Jugendlichen andere Möglichkeiten offenstehen. So werden zum Beispiel Trainings- und Stundenpläne aufeinander abgestimmt, Klausurtermine den sportlichen Anforderungen angepasst, und bei Bedarf erhalten Schüler Hausaufgabenbetreuung und Nachhilfe. Spieler der U-Nationalmannschaften werden bei der Vorbereitung auf Prüfungen unterstützt und bekommen Extrastunden, wenn sie Unterricht versäumt haben.

Leistungszentren der Bundesligavereine

Vereine der 1. und 2. Bundesliga sind verpflichtet, in sogenannten Leistungszentren Nachwuchsfußballer auszubilden. Sie müssen für optimale Trainingsmöglichkeiten und ärztliche Betreuung der Spieler sorgen. Außerdem achten sie darauf, dass Training und Schule miteinander vereinbar sind (zum Beispiel in einer Eliteschule des Fußballs). Jugendliche, die eine weite Anreise haben, können in Internaten und bei Gastfamilien untergebracht werden. Auch Klubs der 3. Liga und Regionalliga dürfen Leistungszentren unterhalten.

Ziel: Weltklassefußball

Jugendauswahlmannschaften des DFB, die sogenannten U-Teams, messen sich in internationalen Wettbewerben mit dem Fußballnachwuchs anderer Länder. „U" steht für „unter" und die folgende Zahl gibt das Alter an, unter dem die teilnehmenden Spieler und Spielerinnen sind. Diese Jugendnationalmannschaften bauen einerseits Einzelspieler weiter für den Spitzenfußball auf. Andererseits ist das erklärte Ziel der Teams, internationale Titel zu holen!

Harte Schule

Für den Traum, Profifußballer zu werden, müssen die Nachwuchsspieler viel aufgeben. Sie haben wenig Freizeit und nehmen Trennungen von ihren Familien und Freunden in Kauf. Da hilft es enorm, wenn sie sich mit ihren Mitspielern und Trainern gut verstehen. Wichtig ist außerdem, dass sie ihre Chancen nutzen, sich weiterentwickeln und möglichst verletzungsfrei bleiben.

Erfolg tut nur der haben, der hart arbeitet tut.
Klaus Toppmöller

Die deutsche U21 feiert im Juni 2017 ihren Sieg gegen Spanien im Finale der Europameisterschaft.

2004, 2010 und 2014 (Foto) freuten sich die U20-Spielerinnen über den Weltmeistertitel.

DFB-Auswahlmannschaften

Mädchen und Frauen:

U15-, U16- und U17-Juniorinnen,
U19-, U20- und U23-Frauen

Jungen und Männer:

U15-, U16-, U17-, U18-, U19-Junioren,
U20- und U21-Männer

UNDER - 21 CHAMPIONSHIP
POLAND 2017

WINNER
UEFA UNDER-21 CHAMPIONSHIP POLAN

U-Teams, Erfolge (Auswahl)

Mädchen und Frauen:

U20-Weltmeisterinnen 2004, 2010, 2014

U19-Weltmeisterinnen 2004

U17-Europameisterinnen 2008, 2009, 2012, 2014, 2016, 2017, 2019

U19-Europameisterinnen 2002, 2006, 2007, 2011

U18-Europameisterinnen 2000 und 2001

Jungen und Männer:

U21-Europameister 2009, 2017

U17-Europameister 2009

U19-Europameister 2008, 2014

La Masia

Auch Klubs in anderen Ländern haben eine ausgezeichnete Nachwuchsförderung. Ein Beispiel ist die Talentschmiede „La Masia" des FC Barcelona. Spitzenfußballer wie Andrés Iniesta und Lionel Messi erhielten hier ihre Fußballausbildung. Lionel Messi war 13 Jahre alt, als er mit seiner Familie aus Rosario, Argentinien, nach Barcelona kam. Aufgrund einer Wachstumsstörung war er nur 1,43 m groß. Er wirkte eher schüchtern, doch auf dem Platz zeigte er schnell, was er konnte. Drei Jahre lang durchlief Messi die Fußballakademie. Mithilfe einer Hormonbehandlung wuchs er auf 1,69 m heran. Viele Spieler, die mit ihm La Masia besucht haben, stehen auch heute neben ihm auf dem Platz. Sie kennen sich und ihre Spielweise also sehr gut.

Mein Verein

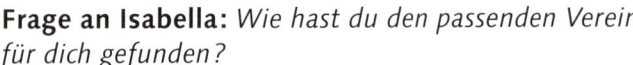

Isabella war zehn Jahre alt und spielte seit einem halben Jahr in einem Mädchenteam des FV „Rheingold" Rübenach 1919 e. V., als sie uns dieses Interview gab.

Frage an Isabella: *Wie hast du den passenden Verein für dich gefunden?*
Isabella: Ich habe mit meinen Eltern im Internet geguckt. Wir haben „Mädchenmannschaft" eingegeben und unseren Ort. Da standen dann die Trainingszeiten und da sind wir hingegangen.

Auf welcher Position spielst du?
Im Mittelfeld.

Wie oft trainiert ihr?
Zweimal in der Woche. Wir fangen mit irgendeinem Spiel an. Danach üben wir mit dem Ball. Und dann machen wir meistens noch ein Abschlussspiel, zwei Mannschaften gegeneinander.

In welcher Altersklasse spielst du?
In der E-Jugend.

Spielst du schon in der Kreisliga?
Nächste Saison bin ich in der Mannschaft.

Wie groß ist euer Team?
In der E-Jugend sind wir sieben auf dem Platz, mit Torwart.

Was ist besonders wichtig, wenn man in einer Vereinsmannschaft spielen will?
Dass man nicht so ein Motzkopf ist oder dauernd irgendwelchen Unsinn macht. Dann klappt das ganze Training nicht. Und genauso die Spiele.

Was hat dir bisher in deinem Verein am besten gefallen?
Wir haben ein Turnier gewonnen. Ich habe ein Tor geschossen, das 1 : 0.

Welche Fußballziele und Träume hast du?
Vielleicht mal in einer Bundesligamannschaft spielen. Aber das ist bestimmt schwer, da reinzukommen.

Hast du einen Lieblingsverein?
Ja, den BVB.

Welche Spieler findest du gut?
Hummels oder Reus.

Danke, Isabella. Viel Erfolg mit deinem Team!

Bundesliga damals und heute

Vor Einführung der Bundesliga gab es in Deutschland keine einheitliche höchste Spielklasse. Alarmiert durch internationale Niederlagen deutscher Teams im Europapokal und der Nationalmannschaft bei der WM in Chile 1962, machten sich Bundestrainer Sepp Herberger, der Präsident des 1. FC Köln Franz Kremer und der spätere DFB-Präsident Hermann Neuberger für eine eingleisige nationale Liga (→ S. 154) stark.

16 Vereine am Start

Als am 24. August 1963 der Startschuss fiel, waren 16 Vereine mit dabei. Der heutige Rekordmeister FC Bayern München gehörte nicht dazu. Sein Konkurrenzverein, der TSV 1860 München, hatte eine Lizenz bekommen und zwei Klubs aus derselben Stadt schienen den DFB-Verantwortlichen zu viel. 1965 gelang dem FC Bayern München der Aufstieg in die höchste Spielklasse.

Erstes Tor verpasst

Das erste Tor der Bundesliga erzielte Friedhelm „Timo" Konietzka, Stürmer bei Borussia Dortmund, in der 1. Spielminute gegen Werder Bremen. Ein Foto gibt es davon nicht – alle Fotografen hockten hinter dem Tor der Borussia und warteten auf einen Treffer der Bremer.

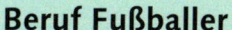

Beruf Fußballer

Die Spielergehälter durften anfangs 1200 Mark (613,55 Euro) monatlich nicht überschreiten, das legte das erste Bundesligastatut fest. Man wollte keine Vollprofis und so mussten die meisten Fußballer nebenher zusätzlich Geld verdienen. Ausländische Spieler waren die Ausnahme, erlaubt waren zwei pro Verein. Am ersten Spieltag kamen insgesamt gerade mal drei zum Einsatz: der Jugoslawe Petar „Radi" Radenkovic (TSV 1860 München), der Niederländer Jacobus Prins (1. FC Kaiserslautern) und Wilhelm Huberts aus Österreich (Eintracht Frankfurt). Heute verdienen die Stars unter den Profifußballern in der Bundesliga Millionenbeträge. Die Teams sind mit internationalen Spitzenspielern besetzt, wobei man auch auf die Förderung des eigenen Nachwuchses großen Wert legt.

> Jetzt haben wir den **Salat**, sind aufgestiegen und müssen uns in der Bundesliga richtig anstrengen.
> *Otto Rehhagel*

„Timo" Konietzka im Jahr 1963 während der Begegnung Karlsruher SC – Borussia Dortmund (1 : 3).

38 Millionen Euro vereinbarte der FC Bayern München 2016 als Ablösesumme für BVB-Spieler Mats Hummels – bis dahin der teuerste Transfer innerhalb der Bundesliga.

Berichterstattung

Wer anfangs live erfahren wollte, wie sein Klub sich schlägt, ging ins Stadion oder saß vor dem Radio. Bis heute ist die Bundesligakonferenz im ARD-Hörfunk sehr beliebt, die zwischen den parallel stattfindenden Spielen hin und her schaltet. In der Saison 1965/66 gaben ARD und ZDF erstmals Geld für die Fernsehrechte aus. Zuvor stammten die Einkünfte der Liga fast ausschließlich aus dem Verkauf von Eintrittskarten. 648 000 Mark (ca. 330 000 Euro) zahlten die öffentlich-rechtlichen Sender damals. Inzwischen sind die Fernsehgelder explodiert: Über 1,16 Milliarden Euro lassen sich verschiedene Sender die TV- und Internetrechte pro Saison kosten. Im Vergleich zur englischen Premier League ist das noch wenig: Dort geht es um mehr als zwei Milliarden.

Veränderungen

Hertha BSC Berlin musste 1965 zur Strafe in die Regionalliga wechseln: Der Klub hatte seinen Spielern zu viel Geld gezahlt und damit gegen die Bestimmungen verstoßen. Der SC Tasmania 1900 Berlin ersetzte Hertha BSC in der folgenden Saison (→ S. 60), außerdem wurde entschieden, dass kein Klub absteigen sollte. Damit erhöhte sich die Zahl der Bundesligavereine auf 18. Nochmals vorübergehend aufgestockt wurde nach der deutschen Wiedervereinigung: 1991/92 kamen Dynamo Dresden und Hansa Rostock aus der ehemaligen DDR hinzu. Eine Saison lang kämpften 20 Vereine in der Bundesliga, von denen am Ende vier abstiegen.

Helden, Tiere, Katastrophen

Von Anfang an haben ihre Akteure die Bundesliga zu dem gemacht, was sie ist: ein sportlicher Wettbewerb auf hohem Niveau und mit großem Unterhaltungswert! Sie hat Weltstars hervorgebracht wie den „Kaiser" Franz Beckenbauer und erfreute die Zuschauer immer wieder mit lustigen Zwischenfällen, schockierte zuweilen aber auch mit ernsten Skandalen.

Schlechtester Klub jemals

Nachdem Hertha BSC 1965 in die Regionalliga strafversetzt worden war, durfte der SC Tasmania 1900 Berlin ersatzweise in die Bundesliga aufrücken. Der kleine Verein überschätzte offensichtlich seine Möglichkeiten, als er dieses Angebot des DFB annahm. Nach einer einzigen Saison mit nur zwei Siegen, vier Unentschieden und den meisten Niederlagen jemals (28), stieg der Klub wieder ab. Was blieb, sind weitere Negativrekorde: Die Tasmanen erzielten zum Beispiel die wenigsten Tore in einer Saison (15) bei den meisten Gegentreffern (108) und bestritten das Spiel mit der geringsten Zuschauerzahl (827).

Hundebisse und echte Löwen

Am 6. September 1969 schoss Schalke-Kicker Hansi Pirkner im Revier-Derby das 1 : 0 gegen Dortmund und brachte damit neben seinen Mannschaftskollegen auch die Fans zum Jubeln. Begeistert stürmten die Fans auf den Platz. Die Dortmunder Ordner folgten ihnen mit Schäferhunden und verloren die Kontrolle über die Tiere: Schalkes Mittelfeldspieler Gerd Neuser wurde in den Oberschenkel gebissen, Schäferhund Rex erwischte seinen Teamkollegen Friedel Rausch zweimal am Hintern. Rausch bekam eine Tetanusspritze und kickte weiter bis zum Abpfiff. Zum Rückspiel brachten die Schalker junge, zahme Löwen mit, die sie als Antwort auf die Hundeattacke vor dem Anpfiff angeleint von Ordnern auf den Platz führen ließen.

Bundesligaskandal 1971

1971 erschütterte ein Bestechungsskandal die Bundesliga: Zahlreiche Spieler hatten Schmiergelder kassiert – sie sollten dafür die Spielergebnisse im Abstiegskampf beeinflussen. Viele von ihnen sowie einige Trainer und Funktionäre mussten Geldstrafen zahlen und wurden gesperrt. Die Klubs Kickers Offenbach und Arminia Bielefeld verloren ihre Bundesligalizenz.

Pfostenbruch im Bökelbergstadion

Beim Spiel Borussia Mönchengladbach gegen Werder Bremen am 3. April 1971 stand es 1 : 1, als Gladbachs Stürmer Herbert Laumen in der 88. Minute einen Freistoß seines Teamkollegen Günter Netzer verwandeln wollte. Laumen verfehlte den Ball und landete selbst im Netz – mit solcher Wucht, dass ein morscher Pfosten des Holztors brach! Das Spiel konnte nicht fortgesetzt werden. Der DFB wertete die Partie im Nachhinein mit 2 : 0 für Bremen – als Strafe für die Gastgeber, die für die Tore verantwortlich waren.

Schräge Vögel

Als Sepp Maier (FC Bayern München) sich 1976 in einem Spiel gegen den VfL Bochum langweilte, versuchte er, im Hechtsprung eine Ente zu erwischen. Das Tier hatte sich ins Stadion verirrt und in Tornähe niedergelassen. Den Spitznamen „Ente" bekam der Holländer Willi Lippens (Rot-Weiß Essen und Borussia Dortmund) für seinen watschelnden Gang. Auch er unterhielt die Zuschauer nicht nur mit fußballerischen Fähigkeiten, sondern daneben mit kleinen Showeinlagen: Manchmal setzte er sich einfach auf den Ball – was einige Gegner und Schiedsrichter ziemlich ärgerte.

Das Publikum liebte „die Ente" Willi Lippens für seine Showeinlagen.

Meister der Herzen

Der letzte Bundesliga-Spieltag 2001: Schalke 04 besiegte Unterhaching mit 5 : 3. Doch zum Gewinn der Meisterschaft brauchte der Klub die Hilfe des Hamburger SV, der zeitgleich gegen den FC Bayern München spielte. Und tatsächlich gelang den Hamburgern in der 90. Minute der Treffer zum 1 : 0. Ein Fernsehreporter verkündete den Schalkern das Ende des Spiels in Hamburg und beglückwünschte Schalke-Manager Rudi Assauer zur Meisterschaft. Fans und Mannschaft flippten aus: Schalke war Meister! Aber das Spiel in Hamburg war noch gar nicht abgepfiffen. Dort entschied der Schiedsrichter in der Nachspielzeit auf indirekten Freistoß für die Bayern – und der führte zum Tor. In letzter Sekunde jagte der FC Bayern München den Schalkern die Meisterschale ab! Schlagartig verwandelte sich der Schalker Freudentaumel in tiefe Enttäuschung.

Die Medien verliehen den Schalkern 2001 den Titel „Meister der Herzen" – und Schalke 04 qualifizierte sich für die Champions League.

Einwurftor

„Aus einem Einwurf kann direkt kein Tor erzielt werden" – heißt es in den Fußballregeln von FIFA und DFB. Erst nach einem weiteren Ballkontakt zählt der Treffer. Bitter ist, wenn der Torwart selbst den Ball berührt, bevor er ins Netz geht, und das Tor damit gültig macht. So passiert ist das Jean-Marie Pfaff bei seinem ersten Spiel für den FC Bayern München 1982: Uwe Reinders, Werder Bremen, gelang ein weiter Einwurf in den Strafraum, Pfaff  kam mit den Fingerspitzen an den Ball und der landete hinter der Torlinie – 1 : 0 für Bremen!

Ich habe fertig!

Enttäuscht von den schlechten Leistungen seines Teams und wütend, weil einige Spieler seine Taktik kritisiert hatten, hielt der aufgebrachte FC Bayern-Trainer Giovanni Trapattoni bei einer Pressekonferenz am 10. März 1998 eine legendäre Rede. Und obwohl der Italiener die deutsche Sprache nicht perfekt beherrschte, verstand jeder, was er zu sagen hatte: „(...) Ein Trainer ist nicht ein Idiot! (...) zwei oder drei diese Spieler, waren schwach wie eine Flasche leer! (...) Was erlauben Strunz? (...) Ist immer verletzt! (...) Ich bin müde jetzt der Vater dieser Spieler, eh, verteidige diese Spieler! Ich habe immer die Schulde über diese Spieler (...) Ich habe fertig!"

Hier rollt der Ball

18 Mannschaften in der Bundesliga und 18 Teams in der 2. Bundesliga kämpfen in der Saison Woche für Woche um Tabellenplätze – und die Fans fiebern gespannt mit. Jede Saison ändert sich das Teilnehmerfeld, je nachdem, welche Klubs ab- und aufgestiegen sind.

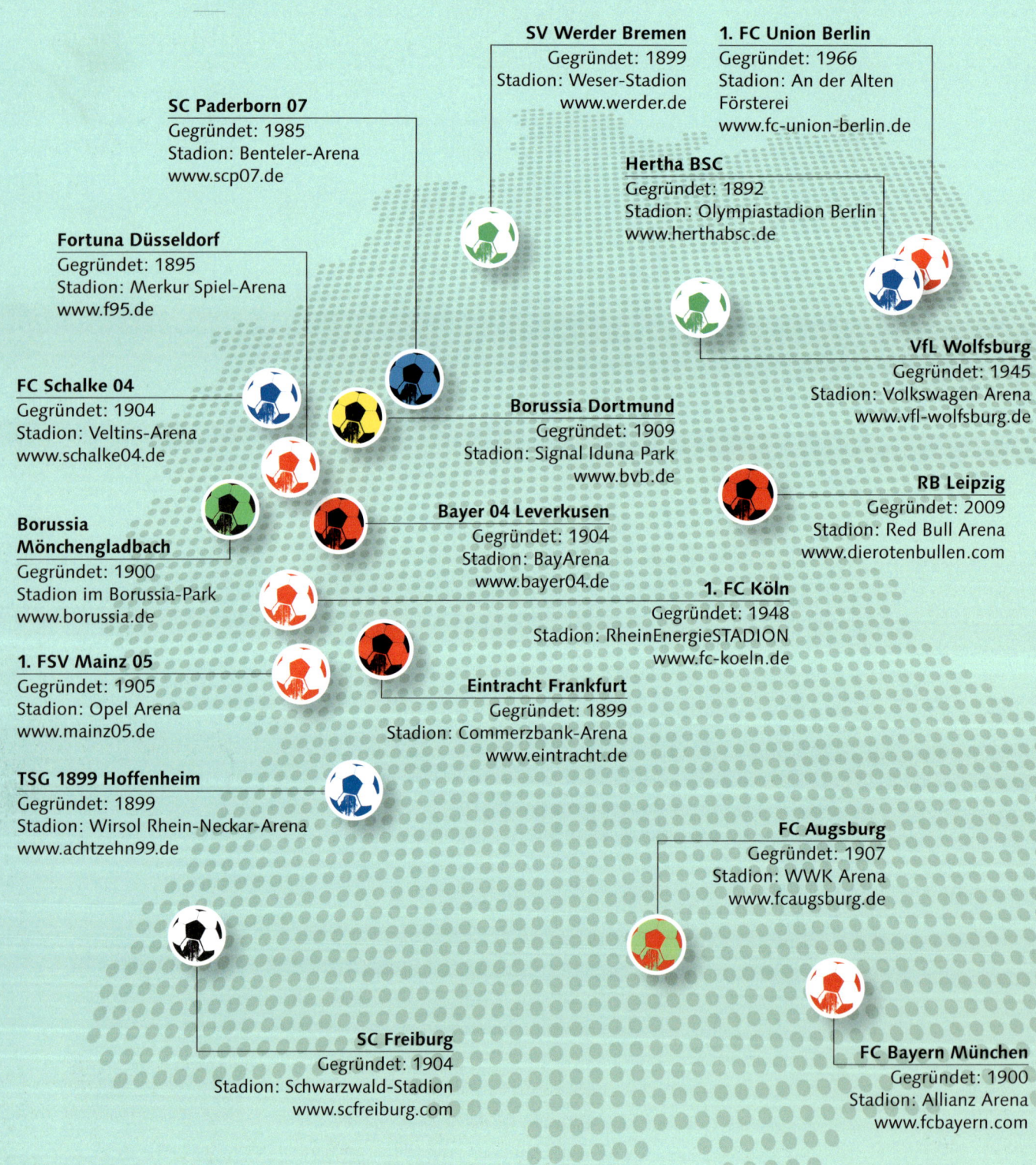

SV Werder Bremen
Gegründet: 1899
Stadion: Weser-Stadion
www.werder.de

1. FC Union Berlin
Gegründet: 1966
Stadion: An der Alten Försterei
www.fc-union-berlin.de

SC Paderborn 07
Gegründet: 1985
Stadion: Benteler-Arena
www.scp07.de

Hertha BSC
Gegründet: 1892
Stadion: Olympiastadion Berlin
www.herthabsc.de

Fortuna Düsseldorf
Gegründet: 1895
Stadion: Merkur Spiel-Arena
www.f95.de

VfL Wolfsburg
Gegründet: 1945
Stadion: Volkswagen Arena
www.vfl-wolfsburg.de

FC Schalke 04
Gegründet: 1904
Stadion: Veltins-Arena
www.schalke04.de

Borussia Dortmund
Gegründet: 1909
Stadion: Signal Iduna Park
www.bvb.de

RB Leipzig
Gegründet: 2009
Stadion: Red Bull Arena
www.dierotenbullen.com

Borussia Mönchengladbach
Gegründet: 1900
Stadion im Borussia-Park
www.borussia.de

Bayer 04 Leverkusen
Gegründet: 1904
Stadion: BayArena
www.bayer04.de

1. FC Köln
Gegründet: 1948
Stadion: RheinEnergieSTADION
www.fc-koeln.de

1. FSV Mainz 05
Gegründet: 1905
Stadion: Opel Arena
www.mainz05.de

Eintracht Frankfurt
Gegründet: 1899
Stadion: Commerzbank-Arena
www.eintracht.de

TSG 1899 Hoffenheim
Gegründet: 1899
Stadion: Wirsol Rhein-Neckar-Arena
www.achtzehn99.de

FC Augsburg
Gegründet: 1907
Stadion: WWK Arena
www.fcaugsburg.de

SC Freiburg
Gegründet: 1904
Stadion: Schwarzwald-Stadion
www.scfreiburg.com

FC Bayern München
Gegründet: 1900
Stadion: Allianz Arena
www.fcbayern.com

365 Tore erzielte Gerd Müller (FC Bayern München) in 427 Bundesligaspielen – der „Bomber der Nation" hält damit den Rekord als bester Torschütze seit Gründung der Liga! Allein 40 Treffer waren es in der Saison 1971/72.

Rekordhalter am Ball: „Charly" Körbel (links) und Gerd Müller.

Die meisten Bundesligaeinsätze hatte Karl-Heinz „Charly" Körbel:

602 Mal stand er für Eintracht Frankfurt auf dem Platz.

0:12 verlor Borussia Dortmund gegen Borussia Mönchengladbach am letzten Spieltag der Saison 1977/78. Es war die höchste Niederlage in der Bundesligageschichte.

Die **1** 🟥 Rote Karte in der Bundesliga sah am 10. Oktober 1970 Lothar Kobluhn, Rot-Weiß Oberhausen.

Ältester aktiver Spieler in der Bundesliga war bisher Klaus Fichtel, genannt „Tanne", mit **43** Jahren in der Abwehr des FC Schalke 04.

6 Treffer in einem Bundesligaspiel – das schaffte nur Dieter Müller für den 1. FC Köln gegen Werder Bremen, am dritten Spieltag der Saison 1977/78. Köln siegte mit 7 : 2 und gewann am Saisonende das Double aus Meisterschaft und DFB-Pokal.

Dieter Müller beim ersten von sechs Toren.

Matthias Sammer war erst **34** und damit der jüngste Meistertrainer seit Bestehen der Bundesliga, als er 2002 mit dem BVB die Meisterschale holte.

Die meisten Elfmeter, nämlich **53**, verwandelte Manfred Kaltz für den Hamburger SV. Berühmt wurde er auch durch seine Bananenflanken.

3 Eigentore – und damit die meisten in einem Spiel – gehen auf das Konto von Hannover 96 bei einer Partie gegen Borussia Mönchengladbach im Dezember 2009.

Top-Vereine

Viele Vereine spielten schon in der Bundesliga – einige sind besonders erfolgreich, andere besonders beliebt, manche verschwanden schnell wieder in die unteren Spielklassen. 16 Klubs, die inzwischen feste Größen im Kampf um Titel oder gegen den Abstieg sind, haben wir ausgewählt, um sie in kurzen Steckbriefen vorzustellen.

SV Werder Bremen

- Der Verein ist Gründungsmitglied der Bundesliga.
- Er beweist – phasenweise – eine im Profifußball seltene Treue zu seinen Trainern. Zwei blieben jeweils 14 Jahre: Otto Rehhagel trainierte die Bremer von 1981 bis 1995 (2 x Deutscher Meister, 2 x DFB-Pokalsieger, 1 x Europapokalsieger) und wurde zum Ende seiner Tätigkeit mit dem Spitznamen „König Otto“ geehrt. Thomas Schaaf war von 1999 bis 2013 Trainer bei Werder (1 x Deutscher Meister, 3 x DFB-Pokalsieger).

Gründungsdatum: 4. Februar 1899
Vereinsfarben: Grün-Weiß
Erfolge: 4 x Deutscher Meister, 6 x DFB-Pokalsieger, 1 x Europapokalsieger

FC Bayern München

- Der FC Bayern München ist mit über 250 000 Mitgliedern der größte Fußballverein weltweit, vor Benfica Lissabon. Laut einer Studie vom Mai 2013 gehören die Bayern auch zu den wertvollsten Fußballklubs der Welt: Der Verein ist geschätzt ca. 2,7 Milliarden Euro wert.
- Das Motto „Mia san mia“ ist Ausdruck des großen Selbstbewusstseins der Münchner, die der erfolgreichste Verein der Bundesliga sind.

Gründungsdatum: 27. Februar 1900
Vereinsfarben: Rot-Weiß
Erfolge: 29 x Deutscher Meister, 19 x DFB-Pokalsieger, 7 x Europapokalsieger (davon 2 x Champions League), 2 x Weltpokalsieger; 1 x Supercup-Sieger, 2013 Triple aus Deutscher Meisterschaft, DFB-Pokal und Champions-League-Sieg, 1 x Klub-WM-Sieger

Hamburger SV

- Knapp 55 Jahre spielte der HSV als einziger Verein permanent in der ersten Bundesliga. Am 12. Mai 2018 stieg der letzte Bundesliga-Dino zum ersten Mal ab.
- Als erster Verein in Europa hatte der HSV einen eigenen Friedhof für Fans – mit unverbaubarem Blick auf die Westtribüne.
- Die Hamburger werden „die Rothosen“ genannt, weil ihr Heimtrikot aus weißem Hemd mit roter Hose besteht, was den Farben der Hansestadt entspricht.
- Uwe Seeler ist wohl der bekannteste ehemalige Spieler, der einer von vier Ehrenspielführern der deutschen Nationalmannschaft ist (zusammen mit Fritz Walter, Franz Beckenbauer und Lothar Matthäus).

Gründungsdatum: 29. September 1887
Vereinsfarben: Blau-Weiß-Schwarz
Erfolge: 6 x Deutscher Meister, 3 x DFB-Pokalsieger, 2 x Europapokalsieger

Stuttgarter Fans jubeln über den Meistertitel 2007.

2009 holte sich Werder Bremen den „Pott".

VfB Stuttgart

- Der „Verein für Bewegungsspiele Stuttgart 1893 e.V." gehört zu den Bundesliga-Gründungsmitgliedern.
- 1995 bis 1997 sorgte das sogenannte „magische Dreieck" für ordentlich Wirbel mit sehr gutem Offensiv-Fußball: Giovane Elber, Fredi Bobic und Krassimir Balakov erzielten in der Saison 1996/97 unter Trainer Joachim Löw 49 von insgesamt 78 Treffern des VfB. Im DFB-Pokalfinale von 1997 siegte der VfB mit 2 : 0 gegen Energie Cottbus. Torschütze bei beiden Treffern war Giovane Elber.
- Mit Spielern wie Mario Gómez, Sami Khedira und Serdar Taşçi aus dem eigenen Nachwuchs baute Trainer Armin Veh 2006 eine schlagkräftige Mannschaft auf. Die „jungen Wilden" gewannen 2007 die Deutsche Meisterschaft.

Gründungsdatum: 9. September 1893
Vereinsfarben: Weiß-Rot
Erfolge: 5 x Deutscher Meister, 3 x DFB-Pokalsieger

FC Schalke 04

- Die Fans des Bundesliga-Gründungsmitglieds gehen nicht „ins Stadion" oder „zu Schalke". In Gelsenkirchen besucht man die Spiele des Vereins im Stadtteil Schalke „auf Schalke".
- Höhepunkte der Saison sind die Revierderbys gegen den Erzrivalen im Ruhrpott – den BVB.
- Die „Knappen", wie die Schalker auch genannt werden, machten Papst Johannes Paul II. 1987 zum Ehrenmitglied, nachdem er eine Messe in ihrem Parkstadion gehalten hatte.

Gründungsdatum: 4. Mai 1904
Vereinsfarben: Blau-Weiß
Erfolge: 7 x Deutscher Meister, 5 x DFB-Pokalsieger, 1 x Europapokalsieger

Borussia Dortmund

- Der BVB hat mit „der Süd", wie die Dortmunder ihre Südtribüne nennen, europaweit die größte Stehplatztribüne: 24 454 Fans (das entspricht der Einwohnerzahl einer mittleren Kreisstadt) finden auf 100 Metern Breite, 52 Metern Tiefe und 40 Metern Höhe eindrucksvoll Platz.
- Der Verein war bei Gründung der Bundesliga dabei und ist mittlerweile zusammen mit dem FC Bayern München in Deutschland das Maß aller Fußballdinge. Während die Bayern auf selbstbewusstes „Mia san mia" setzen, geht es bei der Borussia um „echte Liebe" – so das Motto der Dortmunder.

Gründungsdatum: 19. Dezember 1909
Vereinsfarben: Schwarz-Gelb
Erfolge: 8 x Deutscher Meister, 4 x DFB-Pokalsieger, 2 x Europapokalsieger (davon 1 x Champions League), 1 x Weltpokalsieger

Borussia Mönchengladbach

- Der Verein pflegt eine ewige Rivalität mit dem 1. FC Köln. Hennes Weisweiler, nach dem das Kölner Maskottchen benannt wurde (→ S. 76), war in beiden Klubs als Trainer tätig.
- Bekannte ehemalige Spieler der „Fohlenelf" sind u. a. Günter Netzer, Jupp Heynckes, Lothar Matthäus und Berti Vogts.

Gründungsdatum: 1. August 1900
Vereinsfarben: Grün-Schwarz-Weiß
Erfolge: 5 x Deutscher Meister, 3 x DFB-Pokalsieger, 2 x Europapokalsieger

1. FC Kaiserslautern

- Dem Bundesliga-Gründungsmitglied gelang in der Saison 1997/98 die einmalige Leistung, als Aufsteiger aus der 2. Bundesliga Deutscher Meister zu werden.
- Das Stadion der Lauterer thront oberhalb der Stadt Kaiserslautern auf dem Betzenberg – die Fans pilgern auf ihren „Betze". Sie sind gefürchtet für ihre lautstarke Unterstützung der Mannschaft von den Rängen.
- Fritz Walter, der wohl berühmteste „rote Teufel", ist Ehrenspielführer der Nationalmannschaft.
- Prominenter FCK-Anhänger ist der ehemalige Präsident der USA Bill Clinton.

Gründungsdatum: 2. Juni 1900
Vereinsfarben: Rot-Weiß
Erfolge: 4 x Deutscher Meister, 2 x DFB-Pokalsieger

1. FC Köln

- Die Kölner sind Gründungsmitglied und sicherten sich den ersten Meistertitel der Bundesliga. 35 Jahre lang konnten sie sich ununterbrochen in der höchsten deutschen Spielklasse halten.
- Dann folgten zahlreiche Ab- und Aufstiege und die Fans wurden auf eine harte Probe gestellt. Sie hielten der Mannschaft aber weiterhin die Treue und feierten 2015 den erneuten Aufstieg in die 1. Bundesliga.
- Viele großartige Kicker haben beim 1. FC Köln gespielt – zum Beispiel Lukas Podolski, Toni Schumacher, Bernd Schuster, Pierre Littbarski, Thomas „Icke" Häßler und Toni Polster.

Gründungsdatum: 13. Februar 1948
Vereinsfarben: Rot-Weiß
Erfolge: 3 x Deutscher Meister, 4 x DFB-Pokalsieger

Der Kölner Hans Schäfer mit der Meisterschale (Saison 1963/64).

Bayer 04 Leverkusen

- Der Verein war ursprünglich eine Betriebssport-Mannschaft der Firma „Farbenfabriken vormals Friedrich Bayer & Co.".
- Im Zeitraum 1997 bis 2011 wurden die Leverkusener 5 x Vizemeister und 2 x Zweiter im DFB-Pokal. In der Saison 2001/2002 landeten sie sowohl in der Bundesliga als auch im DFB-Pokal und in der Champions League auf Platz zwei, was ihnen den Spitznamen „Vizekusen" einbrachte. 2010 ließen sie sich die Bezeichnung als Marke beim Patentamt schützen.

Gründungsdatum: 1. Juli 1904
Vereinsfarben: Rot-Weiß-Schwarz
Erfolge: 1 x DFB-Pokalsieger, 1 x Europapokalsieger

Eintracht Frankfurt

- Das Gründungsmitglied der Bundesliga gilt als einer der großen Traditionsvereine im deutschen Fußball.
- Die „launische Diva vom Main" hatte ihre beste Zeit Anfang bis Mitte der 1990er-Jahre. Seitdem durchleben die Fans immer wieder ein Auf und Ab der Gefühle.
- Nach dem Aufstieg unter Trainer Armin Veh in der Saison 2011/12 kickte die Mannschaft in der darauffolgenden Spielzeit so erfolgreich, dass sie sich mit dem 6. Bundesliga-Tabellenplatz erstmals seit 2006 wieder für einen europäischen Wettbewerb qualifizierte (Playoffs der Europa League).

Gründungsdatum: 8. März 1899
Vereinsfarben: Rot-Schwarz-Weiß
Erfolge: 1 x Deutscher Meister, 5 x DFB-Pokalsieger, 1 x Europapokalsieger

1. FC Nürnberg

- Nach dem FC Bayern München haben die Nürnberger die meisten Titel – seit einigen Jahren ist das Bundesliga-Gründungsmitglied jedoch nicht mehr so erfolgreich.
- Die „Glubberer" gelten wegen häufiger Auf- und Abstiege als „Fahrstuhlmannschaft".

Gründungsdatum: 4. Mai 1900
Vereinsfarben: Rot-Weiß
Erfolge: 9 x Deutscher Meister, 4 x DFB-Pokalsieger

Leverkusener „Prominenz": Ulf Kirsten, Michael Ballack, Oliver Neuville und Carsten Ramelow (2001).

Hannover 96

- Die Spieler wurden seit den frühen 1930er-Jahren als „Rothemden" bezeichnet und werden heute „die Roten" genannt, obwohl Rot – wie beim Hamburger SV – in den Vereinsfarben nicht vorkommt. Aber das Heimtrikot ist rot.
- 1992 holten sich die 96-er als erster und bisher einziger Zweitligist den DFB-Pokal. Sie gewannen im Finale gegen den haushohen Favoriten Borussia Mönchengladbach mit 4 : 3 nach Elfmeterschießen.

Gründungsdatum: 12. April 1896
Vereinsfarben: Schwarz-Weiß-Grün
Erfolge: 2 x Deutscher Meister, 1 x DFB-Pokalsieger

VfL Wolfsburg

- Der Verein beschäftigte im Meisterjahr 2009 Felix Magath als Trainer, Manager und Geschäftsführer in einer Person. Besonders wichtig für den damaligen Erfolg waren die beiden Stürmer Grafite und Džeko: Zusammen erzielten sie 54 von 80 in dieser Saison geschossenen Tore der „Wölfe".
- Die Hosen für die allererste Begegnung der Wolfsburger Spieler wurden von deren Frauen aus Bettlaken genäht.

Gründungsdatum: 12. September 1945
Vereinsfarben: Grün-Weiß
Erfolge: 1 x Deutscher Meister, 1 x DFB-Pokalsieger

SC Freiburg

- Der SC Freiburg hat ca. 10 000 Mitglieder und zeichnet sich besonders durch seine Jugendarbeit und die Einbindung des eigenen Nachwuchses in die Profimannschaft aus.
- Von 1991 bis 2007 trainierte Volker Finke das Team – 16 Jahre auf der Trainerbank, das ist Rekord in der Bundesliga. Die „Ära Finke" war die bis dahin erfolgreichste Phase des Klubs, der sich mit einem vergleichsweise kleinen Budget mittlerweile in der Bundesliga etabliert hat.
- Der jetzige Trainer Christian Streich (seit 1995 als Jugendtrainer bei Freiburg – mit der A-Jugend 3 x Pokalsieger und 1 x Deutscher Meister) wurde 2013 mit dem DFB-Trainerpreis für eine herausragende Saison geehrt.

Gründungsdatum: 30. Mai 1904
Vereinsfarben: Rot-Weiß
Erfolge: Qualifikation für die Europa League 2013/14 und 2017/18

FC St. Pauli

- Der Verein hat treue und politisch engagierte Fans, die sich gegen rassistisches und frauenfeindliches Verhalten einsetzen.
- Die St. Paulianer schafften es 2003, unter dem damaligen Präsidenten Corny Littmann, mehr als 1,95 Millionen Euro für die Lizenz und den Verbleib in der Regionalliga aufzutreiben – in nur drei Monaten! Allein der Verkauf von T-Shirts mit dem Aufdruck „Retter" brachte dem Kultverein ca. 900 000 Euro ein, ein Benefizspiel gegen den FC Bayern München, der auf eine Gage verzichtete, 270 000 Euro. Die Fans kauften 11 700 Dauerkarten für die kommende Saison in der Regionalliga – davon träumt mancher Konkurrent!

Gründungsdatum: 15. Mai 1910
Vereinsfarben: Braun-Weiß
Erfolge: 1 x „Weltpokalsiegerbesieger" (→ S. 96)

Meisterschaft und DFB-Pokal

Am Ende der Bundesligasaison gewinnt der Verein an der Tabellenspitze die Meisterschaft – und damit den wichtigsten Titel im deutschen Fußball. Manchmal steht der Meister schon einige Spieltage vor Saisonende fest, manchmal bleibt es spannend bis zur letzten Sekunde. Wer in derselben Saison auch den DFB-Pokal holt, darf sich Double-Gewinner nennen. Doch der Pokal hat – laut einer gern verwendeten Floskel – „seine ganz eigenen Gesetze". Denn hier treffen Amateurvereine auf Bundesligateams und sorgen hin und wieder für Überraschungen.

Die Tabelle, die ja nie lügt, täuscht ja oft.
Felix Magath

Deutsche Meister seit Einführung der Bundesliga			
1964	1. FC Köln	1992	VfB Stuttgart
1965	SV Werder Bremen	1993	SV Werder Bremen
1966	TSV München 1860	1994	FC Bayern München
1967	Eintracht Braunschweig	1995	Borussia Dortmund
1968	1. FC Nürnberg	1996	Borussia Dortmund
1969	FC Bayern München	1997	FC Bayern München
1970	Borussia Mönchengladbach	1998	1. FC Kaiserslautern
1971	Borussia Mönchengladbach	1999	FC Bayern München
1972	FC Bayern München	2000	FC Bayern München
1973	FC Bayern München	2001	FC Bayern München
1974	FC Bayern München	2002	Borussia Dortmund
1975	Borussia Mönchengladbach	2003	FC Bayern München
1976	Borussia Mönchengladbach	2004	SV Werder Bremen
1977	Borussia Mönchengladbach	2005	FC Bayern München
1978	1. FC Köln	2006	FC Bayern München
1979	Hamburger SV	2007	VfB Stuttgart
1980	FC Bayern München	2008	FC Bayern München
1981	FC Bayern München	2009	VfL Wolfsburg
1982	Hamburger SV	2010	FC Bayern München
1983	Hamburger SV	2011	Borussia Dortmund
1984	VfB Stuttgart	2012	Borussia Dortmund
1985	FC Bayern München	2013	FC Bayern München
1986	FC Bayern München	2014	FC Bayern München
1987	FC Bayern München	2015	FC Bayern München
1988	SV Werder Bremen	2016	FC Bayern München
1989	FC Bayern München	2017	FC Bayern München
1990	FC Bayern München	2018	FC Bayern München
1991	1. FC Kaiserslautern	2019	FC Bayern München

Die Bundesligatabelle

18 Teams spielen in einer Bundesligasaison jeweils zweimal gegeneinander, in einem Heim- und einem Auswärtsspiel. Für einen Sieg erhält eine Mannschaft drei Punkte, für ein Unentschieden einen und für eine Niederlage null Punkte. Nach jeder Begegnung werden die gesammelten Punkte addiert und geben den aktuellen Platz des Teams in der Tabelle an. Wer am Ende der Saison die meisten Punkte hat und damit in der Tabelle ganz oben steht, gewinnt die Deutsche Meisterschaft. Bei Punktegleichstand entscheidet die bessere Tordifferenz (erzielte Tore minus Gegentreffer), wenn die auch gleich ist, die Anzahl der erzielten Tore. Die beiden Schlusslichter der Tabelle steigen in die 2. Bundesliga ab. Im Gegenzug steigen die beiden Bestplatzierten aus der 2. Bundesliga auf. Die drittletzte Mannschaft der Bundesliga trägt gegen die drittbeste der 2. Liga sogenannte Relegationsspiele aus. In Hin- und Rückspiel wird ein Sieger ermittelt, der in der nächsten Saison in der Bundesliga spielen darf. Dabei gilt die Auswärtstorregel (→ S. 24).

Double-Gewinner

Nur wenige Klubs haben bisher in einer Saison die Deutsche Meisterschaft plus den DFB-Pokal – und damit das Double – gewonnen:

FC Bayern München	2019, 2016, 2014, 2013 (Triple), 2010, 2008, 2006, 2005, 2003, 2000, 1986, 1969
Borussia Dortmund	2012
Werder Bremen	2004
1. FC Köln	1978
FC Schalke 04	1937

Ich glaube, dass der Tabellenerste jederzeit den Spitzenreiter schlagen kann.
Berti Vogts

Als erstes deutsches Männerteam holte der FC Bayern München 2013 das Triple aus Deutscher Meisterschaft, DFB-Pokal und Champions-League-Sieg!

DFB-Pokal – der Wettbewerb

64 Mannschaften kämpfen um den DFB-Pokal: Dazu gehören alle Teams der Bundesliga und der 2. Bundesliga aus dem abgelaufenen Spieljahr, die Verbandspokalsieger der 21 deutschen Landesverbände und die ersten vier der dritten Liga. Hinzu kommen weitere Mannschaften aus den Landesverbänden mit den meisten Herren-Teams. Jeder Verein darf jedoch nur eine Mannschaft ins Rennen schicken. Die Begegnungen werden ausgelost, und zwar so, dass in der ersten Runde auf jeden Amateurverein ein Team der ersten oder zweiten Bundesliga trifft. Die Amateure haben Heimrecht. Alle Begegnungen werden in nur einem Spiel im K.-o.-System ausgetragen – wer verliert, ist draußen. Das Endspiel findet jedes Jahr im Berliner Olympiastadion statt.

> ## Salatschüssel und Pott
>
> Die Meisterschale – wegen ihrer Form auch „Salatschüssel" genannt – und der DFB-Pokal sind Wandertrophäen, sie werden jeweils an den aktuellen Titelgewinner weitergegeben. Alle Deutschen Meister seit 1903 sind auf der Schale mit ihrem eingravierten Vereinsnamen verewigt. Die Namen der DFB-Pokalsieger stehen auf dem Sockel des „Potts". Die jetzige Sockelfläche reicht laut Angaben des DFB mindestens bis zum Jahr 2030.

Berlin! *Berlin!* Wir fahren nach *Berlin!*
Fangesang

DFB-Pokal-Sensationen

Selbst Rekordmeister FC Bayern München ist im DFB-Pokal nicht vor Überraschungen sicher. Die Münchner verloren schon mehrfach gegen Teams aus niedrigeren Spielklassen: Bereits in der ersten Runde wurden sie 1990 vom FV 09 Weinheim mit 0 : 1 und 1994 vom TSV Vestenbergsgreuth mit gleichem Ergebnis besiegt. Mit 5 : 3 nach Elfmeterschießen hatte der 1. FC Magdeburg 2000 in der zweiten Pokalrunde die Nase vorn.
Auch andere Bundesligisten mussten unerwartete Niederlagen einstecken – ein Team sogar durch einen Klub aus der 5. Liga: 2001 kickte der SSV Ulm 1846 den 1. FC Nürnberg in der ersten Runde mit 2 : 1 aus dem Wettbewerb.

DFB-Pokalsieger

1964	TSV 1860 München	1983	1. FC Köln	2002	FC Schalke 04
1965	Borussia Dortmund	1984	FC Bayern München	2003	FC Bayern München
1966	FC Bayern München	1985	Bayer 05 Uerdingen	2004	SV Werder Bremen
1967	FC Bayern München	1986	FC Bayern München	2005	FC Bayern München
1968	1. FC Köln	1987	Hamburger SV	2006	FC Bayern München
1969	FC Bayern München	1988	Eintracht Frankfurt	2007	1. FC Nürnberg
1970	Kickers Offenbach	1989	Borussia Dortmund	2008	FC Bayern München
1971	FC Bayern München	1990	1. FC Kaiserslautern	2009	SV Werder Bremen
1972	FC Schalke 04	1991	SV Werder Bremen	2010	FC Bayern München
1973	Borussia Mönchengladbach	1992	Hannover 96	2011	FC Schalke 04
1974	Eintracht Frankfurt	1993	Bayer 04 Leverkusen	2012	Borussia Dortmund
1975	Eintracht Frankfurt	1994	SV Werder Bremen	2013	FC Bayern München
1976	Hamburger SV	1995	Borussia Mönchengladbach	2014	FC Bayern München
1977	1. FC Köln	1996	1. FC Kaiserslautern	2015	VfL Wolfsburg
1978	1. FC Köln	1997	VfB Stuttgart	2016	FC Bayern München
1979	Fortuna Düsseldorf	1998	FC Bayern München	2017	Borussia Dortmund
1980	Fortuna Düsseldorf	1999	SV Werder Bremen	2018	Eintracht Frankfurt
1981	Eintracht Frankfurt	2000	FC Bayern München	2019	FC Bayern München
1982	FC Bayern München	2001	FC Schalke 04		

Mal verliert man und mal gewinnen die anderen.

Otto Rehhagel

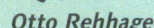

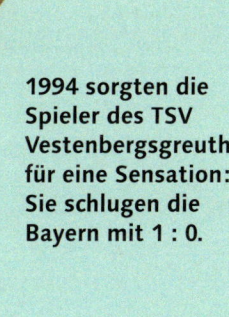

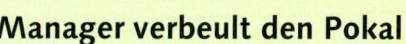

1994 sorgten die Spieler des TSV Vestenbergsgreuth für eine Sensation: Sie schlugen die Bayern mit 1 : 0.

Manager verbeult den Pokal

2002 verteidigte der FC Schalke 04 den DFB-Pokal und feierte den Sieg. Bei der Triumphfahrt durch Gelsenkirchen zeigte Manager Rudi Assauer den Fans den Pokal – und ließ ihn vom Festwagen fallen. Verbogen wurde er ihm zurück auf den Wagen gereicht. Nachdem der schiefe Pott eine Zeit lang im Vereinsmuseum besichtigt werden konnte, wurde er für ca. 32 000 Euro repariert.

Österreich und Schweiz

In Österreich heißt die höchste Spielklasse „tipico-Bundesliga". Der Namenssponsor ist eine wichtige Einnahmequelle – das gilt auch in der Schweiz: Die besten Vereine kämpfen hier in der „Raiffeisen Super League" um den Meistertitel. Zehn Klubs treten jeweils in den beiden Ligen an. Alle Teams spielen viermal gegeneinander – in je zwei Heim- und zwei Auswärtsspielen.

Top-Vereine in Österreich

Der FC Red Bull Salzburg gewann seit 2007 zehnmal die österreichische Meisterschaft und ist damit ein starker Gegner für die Wiener Traditionsvereine Rapid und Austria. Insgesamt liegt der SK Rapid Wien mit bisher 32 Meistertiteln vor dem FK Austria Wien (24 Meisterschaften) und dem FC Red Bull Salzburg mit 13 Meisterschaften, gefolgt von Innsbruck mit zehn Titeln. Beim nationalen Pokal, dem ÖFB-Samsung-Cup, hat Austria Wien mit 27 Siegen die Nase vorn, gefolgt von Rapid Wien mit 14 und dem FC Wacker Innsbruck mit sieben Titeln. Der FC Red Bull Salzburg sicherte sich den Pokal bisher sechsmal. 2017 konnten sich die Salzburger zum vierten Mal in Folge über das Double aus Meister- schaft und Pokal freuen.

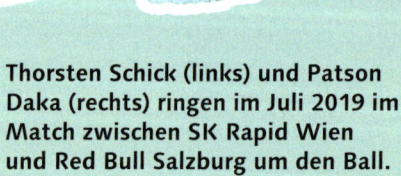

Thorsten Schick (links) und Patson Daka (rechts) ringen im Juli 2019 im Match zwischen SK Rapid Wien und Red Bull Salzburg um den Ball.

Österreichische Meister seit 2009

2019	FC Red Bull Salzburg
2018	FC Red Bull Salzburg
2017	FC Red Bull Salzburg
2016	FC Red Bull Salzburg
2015	FC Red Bull Salzburg
2014	FC Red Bull Salzburg
2013	FK Austria Wien
2012	FC Red Bull Salzburg
2011	SK Sturm Graz
2010	FC Red Bull Salzburg
2009	FC Red Bull Salzburg

Spitzenspieler aus Österreich

Österreichische Fußballer sind über die Landesgrenzen hinaus erfolgreich. In der deutschen Bundesliga machten sich zum Beispiel Toni Polster (1. FC Köln, Borussia Mönchengladbach) und Andi Herzog (Wer- der Bremen, FC Bayern München) einen Namen. Aktuell spielen unter anderem David Alaba (FC Bayern München), Martin Harnik (Hannover 96), Florian Kainz (Werder Bremen) und Florian Grillitsch (TSG 1899 Hoffenheim) in der Bundesliga.

Rekordmeister der Schweiz

Die Geschichte des Rekordmeisters Grasshopper Club Zürich reicht zurück bis ins Jahr 1886. Damals setzte sich der Engländer Tom E. Griffith, der zur Ausbildung in Zürich war, für die Vereinsgründung ein. Aktuell dominiert jedoch ein anderer Klub die Liga: Der FC Basel gewann zwischen 2002 und 2017 zwölf Meistertitel, acht davon in Folge (2010 bis 2017). Im nationalen Pokalwettbewerb, dem Schweizer Cup, liegen die Baseler mit 13 Cupsiegen punktgleich mit dem FC Sion auf Platz 2 hinter den Grasshoppers mit 19 Cupsiegen.

Kleines Land mit großen Stars

Fußballstars aus der Schweiz nehmen am internationalen Vereinsfußball mit Erfolg teil. In der Vergangenheit wurde zum Beispiel Stéphane Chapuisat mit Borussia Dortmund zweimal Deutscher Meister und 1997 Champions-League- und Weltpokal-Sieger. In der Schweiz gewann er 2001 die Meisterschaft mit dem Grasshopper Club Zürich. Ciriaco Sforza hatte mit den Grasshoppers bereits den nationalen Pokal und die Meisterschaft geholt, als er 1996 UEFA-Cup-Sieger mit dem FC Bayern München wurde. In den Jahren danach erkämpfte er mit dem 1. FC Kaiserslautern die Deutsche Meisterschaft und mit dem FC Bayern München zwei weitere Titel: 2000 den DFB-Pokal und 2001 die Meisterschaft. Im selben Jahr siegte er mit den Bayern in der Champions League und im Weltpokal.

Schweizerische Titelsammler 1899–2019

Grasshopper Club Zürich	27 x Meister
FC Basel	20 x Meister
Servette Genf	17 x Meister
BCS Young Boys	13 x Meister
FC Zürich	12 x Meister

2018 und 2019 gewannen die Spieler des BSC Young Boys aus Bern die Schweizer Meisterschaft und lösten so den Dauerchampion FC Basel ab.

Die Frauen-Bundesliga

1990 startete die Frauen-Bundesliga in Deutschland zunächst in zwei Gruppen: Nord und Süd ermittelten die besten Teams und schließlich die Gesamtsiegerinnen. Seit 1997 wird die Meisterschaft eingleisig (→ S. 134) ausgespielt: Zwölf Teams treten jeweils in Hin- und Rückspiel gegeneinander an. Die Erfolge der deutschen Frauen-Nationalmannschaft kamen auch der Frauen-Bundesliga zugute – das Interesse an den Spielen wuchs. Die Gehälter der Fußballerinnen liegen jedoch nach wie vor deutlich unter denen ihrer männlichen Kollegen.

Sieben Meistertitel, neun DFB-Pokalsiege und vier internationale Siege (→ S. 94) kann die Mannschaft des 1. FFC Frankfurt für sich verzeichnen.

Die besten Klubs

Die Frauen vom 1. FFC Frankfurt sind Rekordsiegerinnen: Seit Einführung der eingleisigen Bundesliga gewannen sie sieben Meisterschaften und neunmal den DFB-Pokal. Dicht auf den Fersen ist dem Verein der 1. FFC Turbine Potsdam mit bislang sechs Meisterschaften und drei Pokalsiegen seit 1998. Der VfL Wolfsburg verzeichnet fünf Meisterschaften und sechs Pokalsiege. Alle drei Klubs haben auch im UEFA-Pokal bzw. in der Women's Champions League (→ S. 94 f.) bereits Erfolge gefeiert.

Meisterinnen und DFB-Pokalsiegerinnen

	Deutscher Meister	DFB-Pokal-Sieger
2019	VfL Wolfsburg	VfL Wolfsburg
2018	VfL Wolfsburg	VfL Wolfsburg
2017	VfL Wolfsburg	VfL Wolfsburg
2016	FC Bayern München	1. FFC Frankfurt
2015	FC Bayern München	VfL Wolfsburg
2014	VfL Wolfsburg	FC Bayern München
2013	VfL Wolfsburg	1. FFC Frankfurt
2012	1. FFC Turbine Potsdam	FCR 2001 Duisburg
2011	1. FFC Turbine Potsdam	FCR 2001 Duisburg
2010	1. FFC Turbine Potsdam	1. FFC Frankfurt
2009	1. FFC Turbine Potsdam	1. FFC Frankfurt
2008	1. FFC Frankfurt	1. FFC Turbine Potsdam
2007	1. FFC Frankfurt	1. FFC Turbine Potsdam
2006	1. FFC Turbine Potsdam	1. FFC Turbine Potsdam
2005	1. FFC Frankfurt	1. FFC Frankfurt
2004	1. FFC Turbine Potsdam	1. FFC Frankfurt
2003	1. FFC Frankfurt	1. FFC Frankfurt
2002	1. FFC Frankfurt	1. FFC Frankfurt
2001	1. FFC Frankfurt	1. FFC Frankfurt
2000	FCR Duisburg	FCR Duisburg

Torschützenköniginnen seit 2002

2019	Ewa Pajor (VfL Wolfsburg)	24
2018	Pernille Harder (VfL Wolfsburg)	17
2017	Mandy Islacker (1. FFC Frankfurt)	19
2016	Mandy Islacker (1. FFC Frankfurt)	17
2015	Célia Šašić (1. FFC Frankfurt)	20
2014	Célia Šašić (1. FFC Frankfurt)	21
2013	Yuki (Nagasato) (1. FFC Turbine Potsdam)	18
2012	Genoveva Anonma (1. FFC Turbine Potsdam)	22
2011	Conny Pohlers (1. FFC Frankfurt)	25
2010	Inka Grings (FCR 2001 Duisburg)	28
2009	Inka Grings (FCR 2001 Duisburg)	29
2008	Inka Grings (FCR 2001 Duisburg)	26
2007	Birgit Prinz (1. FFC Frankfurt)	28
2006	Conny Pohlers (1. FFC Turbine Potsdam)	36
2005	Shelley Thompson (FCR 2001 Duisburg)	30
2004	Kerstin Garefrekes (FFC Heike Rheine)	26
2003	Inka Grings (FCR 2001 Duisburg)	20
2002	Conny Pohlers (1. FFC Turbine Potsdam)	27

Die Wolfsburgerinnen gewannen 2017, 2018 und 2019 das Double aus Meisterschaft und Pokalsieg, 2013 gelang ihnen sogar das Triple aus Meisterschaft, DFB-Pokal und Women's Champions League. Doch sie waren damit nicht die Ersten: Der 1. FFC Frankfurt holte das Triple bereits 2002 und 2008.

Mit 24 Treffern wurde Ewa Pajor in der Saison 2018/2019 Torschützenkönigin.

Bundesliga ist kein Mädchensport.

Klaus Augenthaler

Von wegen, Herr Augenthaler: 2018 waren

1 106 104

Mitglieder des DFB weiblich.

Ewa Pajor

Position: Angriff
Geboren am: 03.12.1996 in Uniejów (Polen)
Größe: 1,67 m
Vereine:
2011-2015   Medyk Konin (Polen)
Seit 2015   VfL Wolfsburg
Nationalmannschaft: Polen
Erfolge (Auswahl):
2013 U17-Europameisterin; 2013 und 2014 Polnische Pokalsiegerin; 2014 Polnische Meisterin; 2016, 2017, 2018 und 2019 DFB-Pokalsiegerin; 2017, 2018 und 2019 Deutsche Meisterin

Maskottchen

Viele Vereine haben einen Glücksbringer, ein Maskottchen, das auch Markenzeichen des Klubs ist. Fußball-Maskottchen tauchen als Stimmungsmacher im Stadion auf und als Fanartikel an den Verkaufsständen. Beliebte Figuren sind Tiere – und das nicht nur bei der deutschen Nationalmannschaft mit ihrem Adler Paule, sondern auch bei vielen Vereinen. Manche Klubs haben das gleiche Tier in ihrem Wappen.

Wappentier und Maskottchen (Auswahl)

Verein	Tier	Maskottchenname
1. FC Köln	Geißbock	Hennes
Bayer 04 Leverkusen	Löwe	Brian the Lion
Eintracht Frankfurt	Adler	Attila
Eintracht Braunschweig	Löwe	Leo
MSV Duisburg	Zebra	Ennatz

Geißbock Hennes

Die meisten Vereinsmaskottchen sind erfundene Figuren. Am Spieltag schlüpft ein Mensch in ein entsprechendes Kostüm aus Plüsch und sorgt bei den Fans für Stimmung. Der Kölner Geißbock Hennes jedoch ist ein echtes Tier. Der erste „Hennes" wurde dem Klub im Februar 1950 als Karnevalsscherz geschenkt. Seinen Namen hat er von Hennes Weisweiler, der die Mannschaft damals trainierte und auch selbst spielte. Inzwischen ist Hennes VIII im Einsatz.
Auch Eintracht Frankfurt hat ein echtes Tier als Glücksbringer, den Steinadler Attila.

Weitere tierische Maskottchen (Auswahl)

Verein	Maskottchen
Alemannia Aachen	Kartoffelkäfer Al-Aix
Borussia Dortmund	Biene Emma
Borussia Mönchengladbach	Fohlen Jünter
FC Bayern München	Bär Berni
SC Freiburg	Fuchs Füchsle
SC Rot-Weiß Oberhausen	Hund Underdog
TSG 1899 Hoffenheim	Elch Hoffi
VfB Stuttgart	Krokodil Fritzle
VfL Wolfsburg	Wolf Wölfi

Andere
europäische
Ligen

Primera División

Seit 1929 wird in Spanien in der höchsten Spielklasse – der Primera División – um die Meisterschaft gekämpft. Und die Fans fiebern leidenschaftlich mit. Mit der Copa del Rey hat der spanische Fußball zudem einen traditionsreichen nationalen Pokalwettbewerb.

Aus Anerkennung für sein siegreiches, unterhaltsames Spiel bekam Rekordmeister Real Madrid die Spitznamen „das weiße Ballett" und „die Galaktischen" verliehen.

El Clásico

Zwei Klubs beherrschen den spanischen Fußball: Real Madrid und der FC Barcelona. Wenn die beiden Top-Teams aufeinandertreffen, gilt das als „El Clásico", der Klassiker. Die Vereine liefern sich regelmäßig starke Duelle. „Die Königlichen", wie Real Madrid auch genannt wird, und „Barça" sind von Anfang an dabei und noch nie abgestiegen. Außer den beiden schaffte das auch Liga-Gründungsmitglied Athletic Bilbao. Die meisten Meisterschaften hinter Real Madrid und Barcelona gewann bisher Reals Lokalrivale Atlético Madrid, zuletzt im Jahr 2014.
2013 triumphierte Atlético Madrid außerdem im Copa del Rey-Endspiel gegen Real und gewann den Pokal, den 2014 Real Madrid wieder holte und 2015 bis 2018 der FC Barcelona. 2019 beendete der FC Valencia diese Serie.

Europäische Spitze

Der erfolgreichste Klub Europas kommt aus Spanien: Im Vergleich mit den besten europäischen Teams konnte Real Madrid bisher die meisten Titel in der UEFA Champions League (inklusive Vorgängerwettbewerb Europapokal der Landesmeister) gewinnen. Der FC Barcelona spielt international ebenfalls ganz vorne mit (→ S. 86 ff.). Die meisten Siege im UEFA-Pokal bzw. in der UEFA Europa League errang der FC Sevilla (5 Titel), und auch Real Madrid, Atlético Madrid und der FC Valencia konnten diesen Wettbewerb schon für sich verbuchen.

Internationale Top-Stars

Stars aus der ganzen Welt kickten und kicken für die spanischen Spitzenvereine. Für Real Madrid treten zum Beispiel Karim Benzema, Gareth Bale und Toni Kroos gegen das Leder. Im Kader des FC Barcelona stehen Ter Stegen, Ousmane Dembélé oder Luis Suárez. Was den spanischen Fußball aber besonders auszeichnet, ist eine hervorragende Nachwuchsarbeit. So betreibt etwa Barcelona eine der weltweit führenden Nachwuchsakademien: La Masia. Die Talentscouts des Vereins haben Spieler wie Lionel Messi, Marc Bartra, Xavi oder Andrés Iniesta schon früh entdeckt und an dieser Akademie ausgebildet (→ S. 55).

Liga-Torschützenkönige

2019	Lionel Messi (FC Barcelona)	36 Tore
2018	Lionel Messi (FC Barcelona)	34 Tore
2017	Lionel Messi (FC Barcelona)	37 Tore
2016	Luis Suárez (FC Barcelona)	40 Tore
2015	Cristiano Ronaldo (Real Madrid)	48 Tore
2014	Cristiano Ronaldo (Real Madrid)	31 Tore
2013	Lionel Messi (FC Barcelona)	46 Tore
2012	Lionel Messi (FC Barcelona)	50 Tore
2011	Cristiano Ronaldo (Real Madrid)	40 Tore
2010	Lionel Messi (FC Barcelona)	34 Tore
2009	Diego Forlán (Atlético Madrid)	32 Tore
2008	Daniel Güiza (RCD Mallorca)	27 Tore
2007	Ruud van Nistelrooy (Real Madrid)	25 Tore
2006	Samuel Eto'o (FC Barcelona)	26 Tore

Land: Spanien
Offizieller Liga-Name: LaLiga Santander
Anzahl der Teams: 20
Ab-/Aufsteiger: 3 pro Saison

Rekord-Titeljäger

Klub	Meisterschaften	Copa del Rey
Real Madrid	33	19
FC Barcelona	26	30
Atlético Madrid	10	10
Athletic Bilbao	8	23
FC Valencia	6	8
Real Sociedad	2	2
FC Sevilla	1	5
Deportivo La Coruña	1	2
Betis Sevilla	1	2

El-Clásico-Zweikampf: Wenn die erfolgreichsten spanischen Klubs aufeinandertreffen, schauen nicht nur die Spanier gebannt zu. Hier kämpfen Barcelonas Lionel Messi und Real Madrids Toni Kroos um den Ball.

Premier League

Die erste Fußballliga der Welt startete 1888 in England. 1992 spalteten sich 22 Spitzenklubs ab und gründeten die „FA Premier League" als höchste englische Spielklasse. Inzwischen wurde die Zahl der teilnehmenden Vereine auf 20 reduziert und die „Premier League" wird von begeisterten Fans rund um die Welt mit Spannung verfolgt. Ebenfalls aus England stammt der älteste nationale Pokalwettbewerb: Der FA Cup (→ S. 6) wird bereits seit 1871/72 ausgetragen.

Mit 2 : 1 gegen den FC Liverpool hatte der FC Chelsea im FA-Cup-Finale 2012 die Nase vorn.

The Big Four

„Die großen Vier" der englischen Vereine – Manchester United, FC Chelsea, FC Arsenal und FC Liverpool – teilten eine Zeit lang die ersten vier Tabellenplätze am Saisonende unter sich auf. Doch inzwischen ist die Vormachtstellung der Big Four gebrochen: Teams wie Manchester City, Leicester City und Tottenham spielen mit im Kampf um die Meisterschaft und um die Berechtigung zur Teilnahme an den internationalen europäischen Vereinswettbewerben. In der ewigen Premier-League-Tabelle stehen die Big Four aber noch allesamt oben.

Weltklassespieler

In der Premier League werden Spitzengehälter gezahlt, mit denen die finanzstarken Top-Vereine Starspieler aus der ganzen Welt anwerben. Zudem bauen die Klubs selbst Spieler mit Weltklasseniveau auf. Ausnahmetalent David Beckham kickte beispielsweise schon als Jugendlicher bei Manchester United, wo auch seine Profikarriere begann. Bei seinem Wechsel 2003 zu Real Madrid für eine Transfersumme von 35 Millionen Euro galt Beckham bei Medien und Fans bereits als Mega-Star: Seine Ankunft bei den Madrilenen wurde live in 63 Länder übertragen.

Top im europäischen Vergleich

Ende der 1960er- bis Mitte der 1980er-Jahre feierten englische Vereine viele Triumphe auf europäischer Ebene. Nach schweren Ausschreitungen durch englische Hooligans beim Finale im Europapokal der Landesmeister 1985 (→ S. 91) wurden die englischen Klubs für mehrere Jahre von der Teilnahme an europäischen Wettbewerben ausgeschlossen. Erst ab 1999 gelang es Manchester United, dem FC Liverpool und dem FC Chelsea, weitere Titel in der UEFA Champions League und im UEFA-Pokal bzw. der UEFA Europa League nach England zu holen.

Rekord-Titeljäger

Klub	Meisterschaften	FA Cup
Manchester United	20	12
FC Liverpool	18	7
FC Arsenal	13	13
FC Everton	9	5
Aston Villa	7	7
FC Chelsea	6	8
AFC Sunderland	6	2
Manchester City	6	6
Newcastle United	4	6
Sheffield Wednesday	4	3

Land: England
Offizieller Liga-Name: Premier League
Anzahl der Teams: 20
Ab-/Aufsteiger: 3 pro Saison

Liga-Torschützenkönige

2019	Pierre-Emerick Aubameyang (FC Arsenal)	22 Tore
	Sadio Mané (FC Liverpool)	
	Mohamed Salah (FC Liverpool)	
2018	Mohamed Salah (FC Liverpool)	32 Tore
2017	Harry Kane (Tottenham Hotspur)	29 Tore
2016	Harry Kane (Tottenham Hotspur)	25 Tore
2015	Sergio Agüero (Manchester City)	26 Tore
2014	Luis Suárez (FC Liverpool)	31 Tore
2013	Robin van Persie (Manchester United)	26 Tore
2012	Robin van Persie (FC Arsenal)	30 Tore
2011	Dimitar Berbatov (Manchester United)	21 Tore
	Carlos Tévez (Manchester City)	
2010	Didier Drogba (FC Chelsea)	29 Tore
2009	Nicolas Anelka (FC Chelsea)	19 Tore

Serie A

Die italienische Serie A zählt ebenfalls zu den europäischen Spitzenligen. Allerdings erschütterten mehrfach Wett- und Bestechungsskandale die Liga, und gewaltbereite Fans sorgten zusätzlich für sinkende Zuschauerzahlen in den Stadien. Seit 1898 werden in Italien Fußballmeister ermittelt, aber 1929/30 wurde die Meisterschaft erstmals in einer Liga ausgespielt. Zunächst gab es nur die höchste Spielklasse. Der nationale Pokalwettbewerb Italiens, die Coppa Italia, fand erstmals 1922 statt.

Scudetti und eine alte Dame

Um den „Scudetto" (so wird der italienische Meistertitel auch genannt) kämpfen Traditionsvereine wie Juventus Turin, SSC Neapel, AC Mailand, Inter Mailand, AS Rom, Lazio Rom, CFC Genua und andere Klubs mit langer Geschichte und begeisterten Anhängern. Die Titel von 2005 und 2006 wurden Juventus nachträglich aberkannt, nachdem herausgekommen war, dass der damalige Juve-Manager Luciano Moggi Spiele durch Absprachen mit Schiedsrichtern beeinflusst hatte. Juventus musste in die zweite Liga absteigen und Inter Mailand bekam den Titel von 2006 zugesprochen. Dennoch hält die „alte Dame" Juventus Turin mit 35 Serie-A-Meisterschaften und 12 Coppa-Italia-Siegen den Titelrekord.

Mailand oder **Madrid,** Hauptsache **Italien!**
Andreas Möller

2012 bis 2019 feierte die „alte Dame" Juventus Turin alljährlich die Meisterschaft.

Rekord-Titeljäger

Klub	Meisterschaften	Coppa Italia
Juventus Turin	35	13
Inter Mailand	18	7
AC Mailand	18	5
CFC Genua	9	1
FC Turin	7	5
FC Bologna	7	2
FC Pro Vercelli	7	–
AS Rom	3	9

Liga-Torschützenkönige

2019	Fabio Quagliarella (Sampdoria Genua)	26 Tore
2018	Mauro Icardi (Inter Mailand)	29 Tore
	Ciro Immobile (Lazio Rom)	
2017	Edin Džeko (AS Rom)	29 Tore
2016	Gonzalo Higuaín (SSC Neapel)	36 Tore
2015	Mauro Icardi (Inter Mailand)	22 Tore
	Luca Toni (Hellas Verona)	22 Tore
2014	Ciro Immobile (FC Turin)	22 Tore
2013	Edinson Cavani (SSC Neapel)	29 Tore
2012	Zlatan Ibrahimovic (AC Mailand)	28 Tore
2011	Antonio Di Natale (Udinese Calcio)	28 Tore
2010	Antonio Di Natale (Udinese Calcio)	29 Tore
2009	Zlatan Ibrahimovic (Inter Mailand)	25 Tore
2008	Alessandro Del Piero (Juventus Turin)	21 Tore
2007	Francesco Totti (AS Rom)	26 Tore

Land: Italien
Offizieller Liga-Name: Lega Nazionale Professionisti Serie A
Anzahl der Teams: 20
Ab-/Aufsteiger: 3 pro Saison

Spitzenspieler

Die italienische Liga hat in der Vergangenheit schon viele großartige Spieler hervorgebracht – die Torwartlegenden Gianluigi „Gigi" Buffon und Dino Zoff gehören dazu, sowie Alessandro Del Piero und Francesco Totti. Wie auch die anderen großen Ligen zieht die Serie A zudem Stars aus der ganzen Welt an: Lothar Matthäus beispielsweise kickte für Inter Mailand, Diego Maradona für den SSC Neapel, Zlatan Ibrahimović verstärkte das Team von Juventus Turin, Inter und AC Mailand.

In Europa weit vorne

Schon seit Jahren sichern italienische Vereine sich einen Platz an der Spitze des europäischen Fußballs und konnten zahlreiche Titel gewinnen. Mit dem AC Mailand, Inter Mailand und Juventus Turin triumphierten drei Klubs mehrfach in der UEFA Champions League bzw. im Europapokal der Landesmeister. Auch in der UEFA Europa League und im Vorläuferwettbewerb UEFA-Pokal haben Inter und Juve Erfolge gefeiert, der SSC Neapel konnte einen Titel für sich verbuchen und der FC Parma zweimal die Trophäe entgegennehmen.

Auch der ehemalige deutsche Stürmer Miroslav Klose spielte in der italienischen Liga. 2012/13 erzielte er in der Serie A für Lazio Rom 15 Tore in 29 Spielen.

Spanien

Meister seit 2006

Jahr	Meister
2019	FC Barcelona
2018	FC Barcelona
2017	Real Madrid
2016	FC Barcelona
2015	FC Barcelona
2014	Atlético Madrid
2013	FC Barcelona
2012	Real Madrid
2011	FC Barcelona
2010	FC Barcelona
2009	FC Barcelona
2008	Real Madrid
2007	Real Madrid
2006	FC Barcelona

Internationale Titel (Auswahl)

UEFA Champions League*	18 Titel
Real Madrid	1956, 1957, 1958, 1959, 1960, 1966, 1998, 2000, 2002, 2014, 2016, 2017, 2018
FC Barcelona	1992, 2006, 2009, 2011, 2015
UEFA Europa League*	**11 Titel**
Real Madrid	1985, 1986
FC Sevilla	2006, 2007, 2014, 2015, 2016
Atlético Madrid	2010, 2012, 2018
FC Valencia	2004

England

Meister seit 2006

Jahr	Meister
2019	Manchester City
2018	Manchester City
2017	FC Chelsea
2016	Leicester City
2015	FC Chelsea
2014	Manchester City
2013	Manchester United
2012	Manchester City
2011	Manchester United
2010	FC Chelsea
2009	Manchester United
2008	Manchester United
2007	Manchester United
2006	FC Chelsea

Internationale Titel (Auswahl)

UEFA Champions League*	13 Titel
FC Liverpool	1977, 1978, 1981, 1984, 2005, 2019
Manchester United	1968, 1999, 2008
Nottingham Forrest	1979, 1980
Aston Villa	1982
FC Chelsea	2012
UEFA Europa League*	**8 Titel**
FC Liverpool	1973, 1976, 2001
Tottenham Hotspur	1972, 1984
FC Chelsea	2013, 2019
Manchester United	2017

Italien

Meister seit 2006

Jahr	Meister
2019	Juventus Turin
2018	Juventus Turin
2017	Juventus Turin
2016	Juventus Turin
2015	Juventus Turin
2014	Juventus Turin
2013	Juventus Turin
2012	Juventus Turin
2011	AC Mailand
2010	Inter Mailand
2009	Inter Mailand
2008	Inter Mailand
2007	Inter Mailand
2006	Inter Mailand

Internationale Titel (Auswahl)

UEFA Champions League*	12 Titel
AC Mailand	1963, 1969, 1989, 1990, 1994, 2003, 2007
Inter Mailand	1964, 1965, 2010
Juventus Turin	1985, 1996
UEFA Europa League*	**9 Titel**
Juventus Turin	1977, 1990, 1993
Inter Mailand	1991, 1994, 1998
FC Parma	1995, 1999
SSC Neapel	1989

* und Vorläuferwettbewerbe

Internationale
Vereinswettbewerbe

Die Champions League

Sie ist die „Königsklasse" – und wohl jede europäische Spitzen-Vereinsmannschaft träumt vom Sieg in der Champions League. Hoch motivierte Weltklassespieler stehen sich auf dem Platz gegenüber, denn der Gewinn dieses Wettbewerbs hat für jeden von ihnen einen enormen Stellenwert. Millionen Zuschauer verfolgen die Spiele vor den Fernsehschirmen und Tausende Fans begleiten ihre Teams quer über den Kontinent.

Die Anfänge

Welche Vereinsmannschaft ist die beste Europas? Das wollte der französische Sportjournalist Gabriel Hanot von der Zeitung L'Équipe bereits 1954 durch einen Wettbewerb herausfinden. Die Idee für den Europapokal der Landesmeister war geboren. Erstmals ausgetragen 1955/56, wurde er zum Vorläufer der UEFA Champions League, wie der Wettbewerb seit 1992 heißt.

Liverpool feiert den Gewinn der Champions League 2019.

Raúl am Ball – 2003 im dritten Zwischenrunden-spiel gegen Borussia Dortmund.

Raúl Gonzáles Blanco

Bis Messi ihn Ende 2014 über-holte, war der Spanier der erfolg-reichste Torschütze der Champions League: In 142 Spielen versenkte er den Ball 71 Mal im Netz. Mit Real Madrid gewann Raúl den Wettbewerb drei Mal. Für den FC Schalke 04 erzielte er in der Saison 2010/11 fünf Tore in zwölf Spielen. Die Schalker schafften es ins Halbfinale.

Real Madrid

Die Spanier gewannen 1956 bis 1960 die ersten fünf Austragungen des Europapokals der Landesmeister und erzielten 1966 ihren sechsten Erfolg. In der Champions League siegten sie 1998, 2000, 2002, 2014, 2016, 2017 und 2018. Besonders bitter war Reals Triumph 2002 für die Mannschaft von Bayer 04 Leverkusen, die im Finalmatch unterlag. Denn Leverkusen war zuvor auch in der Bundesliga Vizemeister geworden und hatte das Endspiel im DFB-Pokal ebenfalls verloren.

FC Bayern München

1974 holte die Mannschaft um Franz Beckenbauer, Sepp Maier, Paul Breitner, Uli Hoeneß und Rekordtorjäger Gerd Müller den Europapokal der Landesmeister erstmals nach Deutschland. Auch in den beiden Folgejahren triumphierte der FC Bayern München.
Eine bittere Niederlage erlitten die Bayern im Finale 1999 gegen Manchester United (→ S. 88).
2001 trafen die Münchner dann in einem packenden Finale auf den FC Valencia und es kam zum dramatischen Elfmeterschießen. Bayern-Torwart Oliver Kahn hielt drei Elfmeter und sicherte seinem Klub den Champions-League-Titel.
2012 standen die Bayern im Endspiel gegen den FC Chelsea, und zwar im eigenen Stadion. Nie zuvor hatte eine Mannschaft die Champions League vor heimischer Kulisse gewonnen. Wieder kam es in einem spannenden Match zum Elfmeterkrimi. Doch dieses Mal hielten am Ende die Stars des FC Chelsea den Pokal in ihren Händen – zum ersten Mal in der Vereinsgeschichte.

Wer darf teilnehmen?

Wer teilnehmen darf, wird in einem komplizierten Verfahren festgelegt, das sich in der Geschichte der Champions League schon einige Male geändert hat: Die UEFA bewertet die Ergebnisse der Champions League und Europa League (→ S. 92 f.) der letzten fünf Spielzeiten und vergibt Punkte an die Verbände der einzelnen Länder (Fünf-Jahreswertung der UEFA). Die stärksten nationalen Ligen schicken – je nach ihrer Platzierung in dieser UEFA-Rangliste – ihre Meister, Vizemeister und Drittplatzierten direkt in den Wettbewerb. Seit der Saison 2018/2019 kamen die Viertplatzierten der vier Topnationen dazu. Gesetzt sind zudem der Champions-League- sowie der Europa-League-Sieger des Vorjahres. Weitere Teilnehmer werden in einer Qualifikationsphase ermittelt.
Insgesamt treten dann 32 Teams in der Gruppenphase der Champions League gegeneinander an. Die 16 besten von ihnen erreichen die anschließenden K.-o.-Runden.

2013 standen mit Borussia Dortmund und dem FC Bayern München erstmals zwei deutsche Teams im Champions-League-Finale. Dortmund hatte im Halbfinale Real Madrid geschlagen und die Bayern den FC Barcelona. Mit einem 2 : 1 gelang den Bayern ihr fünfter Champions-League-Sieg und sie holten – mit Meisterschaft und DFB-Pokal – das Triple (→ S. 69).

Die UEFA

Die UEFA (offiziell französisch: „Union des Associations Européennes de Football") ist der europäische Fußballverband. Er wurde 1954 gegründet und hat seinen Sitz in der Schweiz. Mitglieder der UEFA sind heute 55 Verbände einzelner Länder, von denen ein paar geografisch gar nicht in Europa liegen (Israel, Armenien, Georgien, Aserbaidschan, Kasachstan).
Die UEFA führt zahlreiche Fußballwettbewerbe durch. Neben der Champions League gehören auch die Europa League (→ S. 92 f.) und die Europameisterschaft (→ S. 110 ff.) dazu.

Manchester United

Drei Siege kann Manchester United (ManU) bisher für sich verbuchen: 1968, 1999 und 2008. Besonders schmerzhaft im Gedächtnis geblieben ist vielen Fans vom FC Bayern München das Champions-League-Finale 1999 gegen die Engländer: Die Münchner führten nach einem Freistoßtor von Mario Basler in der sechsten Minute mit 1 : 0 und konnten diesen Vorsprung über die reguläre Spielzeit halten. Der Erfolg schien ihnen sicher, Basecaps mit der Aufschrift „Champions-League-Sieger 1999 – FC Bayern München" wurden zur Mannschaftsbank gebracht und verteilt. Doch in der Nachspielzeit geschah das Unglaubliche: Die Kicker von Manchester United schossen noch zwei Tore! Fassungslos und tief enttäuscht gingen die Bayern vom Platz.

Die ManU-Spieler 2008 nach dem Finale gegen Chelsea in Moskau.

FC Barcelona

1992 feierte Josep „Pep" Guardiola den Triumph des FC Barcelona als Spieler unter Trainer Johan Cruyff. 2009 führte er Barcelona als Trainer zum Champions-League-Finalsieg gegen Manchester United. Damit gewann sein Team das Triple aus spanischer Meisterschaft, spanischem Pokal und Champions League. Guardiolas Spieler konnten den Champions-League-Erfolg gegen Manchester United in Kombination mit der Meisterschaft 2011 wiederholen. Unter Trainer Luis Enrique gelang dem FC Barcelona im Jahr 2015 zum zweiten Mal das Triple aus Meisterschaft, Pokal und Champions League. Die Mannschaft setzte sich im Finale im Berliner Olympiastadion mit 3 : 1 gegen Juventus Turin durch.

Die Barcelona-Spieler feiern 2015 ihren Trainer Luis Enrique und das zweite Triple nach 2009.

Sir Föhn

Der ehemalige Manchester-United-Trainer Sir Alex Ferguson hat einen besonderen Spitznamen: Die Engländer nennen ihn „Föhn". Wenn er auf einen Spieler sauer war, stellte er sich angeblich ganz dicht vor ihn und brüllte ihn heftig an. Im Luftstrom konnte man sich die Haare trocknen! Nach dem Gewinn des Triples 1999 (Meisterschaft, FA-Cup und Champions League) wurde Ferguson von der Queen zum Ritter geschlagen, 2013 beendete er seine Trainerkarriere.

🏆 Torschützenkönige der Champions League

2019	Lionel Messi (FC Barcelona)	12
2018	Cristiano Ronaldo (Real Madrid)	15
2017	Cristiano Ronaldo (Real Madrid)	12
2016	Cristiano Ronaldo (Real Madrid)	16
2015	Neymar, Lionel Messi (FC Barcelona), Cristiano Ronaldo (Real Madrid)	10
2014	Cristiano Ronaldo (Real Madrid)	17
2013	Cristiano Ronaldo (Real Madrid)	12
2012	Lionel Messi (FC Barcelona)	14
2011	Lionel Messi (FC Barcelona)	12
2010	Lionel Messi (FC Barcelona)	8
2009	Lionel Messi (FC Barcelona)	9
2008	Cristiano Ronaldo (Manchester United)	8
2007	Kaká (AC Mailand)	10
2006	Andriy Shevchenko (AC Mailand)	9
2005	Ruud van Nistelrooy (Manchester United)	8
2004	Fernando Morientes (AS Monaco)	9

Ajax Amsterdam

1971 bis 1973 dominierten die Niederländer um Fußballlegende Johan Cruyff den Europapokal der Landesmeister und gewannen drei Jahre in Folge. Im Finale 1995 schoss das junge Team von Trainer Louis van Gaal überraschend den Titelverteidiger AC Mailand ins Aus.

Die Trophäe

Der erste Pokal wurde 1966 dauerhaft an Real Madrid überreicht. Danach ließ die UEFA einen „Pott" im neuen Design entwerfen. Wer den Wettbewerb drei Mal hintereinander oder fünf Mal insgesamt gewonnen hatte, durfte die Trophäe behalten. Darum besitzen auch Ajax Amsterdam, Bayern München, der AC Mailand und der FC Liverpool ein Original. Inzwischen wurden die Regeln geändert: Die Trophäe bleibt bei der UEFA und derart erfolgreiche Vereine erhalten eine besondere Auszeichnung.

AC Mailand

1963 brachte der Verein den Titelgewinn erstmals nach Italien. Der Brasilianer José Altafini, Stürmer bei den Mailändern, wurde mit 14 Treffern Torschützenkönig des Wettbewerbs. Erst in der Saison 2011/12 konnte Lionel Messi (FC Barcelona) diesen Rekord wiederholen.
Ein zweites Mal war der italienische Klub 1969 erfolgreich. Danach dauerte es 20 Jahre, bis die Mailänder 1989 den nächsten Triumph im Europapokal der Landesmeister feiern durften. Ein Jahr später, 1990, verteidigten sie den Titel. Weitere Siege folgten in der Champions League 1994 – mit 4 : 0 gegen das favorisierte Team vom FC Barcelona – und 2003.
2005 verlor der Verein gegen den FC Liverpool in einem dramatischen Spiel mit Verlängerung und Elfmeterschießen. Die Chance zur Revanche bekamen die Italiener zwei Jahre später. Und die Mailänder nutzten sie: Sie besiegten den FC Liverpool im Endspiel 2007 mit 2 : 1 und sicherten sich ihren siebten Titel.

Mailands Filippo Inzaghi feiert sein Tor gegen Liverpool im Finale 2007.

Die meisten Siege seit 1955/56

1.	Real Madrid	13
2.	AC Mailand	7
3.	FC Liverpool	6
4.	FC Bayern München	5
	FC Barcelona	5
5.	Ajax Amsterdam	4

6 Fußballer konnten den Wettbewerb bisher als Spieler und später als Trainer gewinnen: Miguel Muñoz, Giovanni Trapattoni, Johan Cruyff, Frank Rijkaard, Carlo Ancelotti und Josep Guardiola.

FC Liverpool

Vier Titel gewann der FC Liverpool zwischen 1977 und 1984. Auch 1985 standen die Engländer im Endspiel. Doch vor Beginn des Matchs gegen Juventus Turin im Brüsseler Heysel-Stadion kam es zu einer unfassbaren Katastrophe: Englische Hooligans stürmten den Block der Juve-Fans, Panik brach aus, 39 Menschen starben, es gab sehr viele Verletzte. Der FC Liverpool wurde daraufhin sieben Jahre, andere englische Klubs fünf Jahre lang für europäische Vereinswettbewerbe gesperrt. Erst 2005 konnten die Liverpooler den Pokal nach einem packenden Endspiel gegen den AC Mailand endlich wieder in Händen halten. 2019 gelang der Triumph unter Trainer Jürgen Klopp erneut, der als dritter deutscher Trainer nach Jupp Heynckes und Ottmar Hitzfeld die Champions League gewann.

Roberto Firmino stemmt am 1. Juni 2019 bei der Siegerehrung für den FC Liverpool den Pokal in die Höhe.

Die Europa League

In der UEFA Europa League haben auch europäische Vereine, die nicht auf den vordersten nationalen Ligaplätzen stehen, die Möglichkeit, sich einem großen Publikum zu präsentieren. Immer wieder qualifizieren sich Klubs, die zuvor noch nie international gespielt haben. Für sie und insbesondere auch ihre Fans ist die Teilnahme ein echtes Erlebnis, die Spieltage werden zu „Feiertagen".

14 : 0

spielte Ajax Amsterdam am 3. Oktober 1984 gegen den luxemburgischen Verein Red Boys Differdange. Der höchste Sieg in der Geschichte des Wettbewerbs!

2006, 2007, 2014, 2015 (Foto) und 2016 gewannen die Spieler des FC Sevilla die Europa League.

Das „Wunder von der Weser"

Immer wieder gibt es Überraschungssiege, die als Wunder bezeichnet werden. Der Begriff „Wunder von der Weser" tauchte erstmals in der zweiten UEFA-Cup-Runde 1987 auf: Werder Bremen hatte gegen Spartak Moskau im Hinspiel 1 : 4 verloren. Das Ausscheiden aus dem Wettbewerb schien sicher. Doch in einer fesselnden Aufholjagd schlugen die Bremer Spartak Moskau im Rückspiel mit 6 : 2 nach Verlängerung und erreichten das Achtelfinale. Ähnliche Wunder gelangen Werder seitdem noch einige Male in verschiedenen europäischen Vereinswettbewerben.

Erfolgreiche Titelträger

FC Sevilla	5
Juventus Turin	3
Inter Mailand	3
FC Liverpool	3
Atlético Madrid	3
Borussia Mönchengladbach	2
Tottenham Hotspur	2
Feyenoord Rotterdam	2
IFK Göteborg	2
FC Parma (Parma Calcio 1913)	2
Real Madrid	2
FC Porto	2
FC Chelsea	2

Die meisten Tore innerhalb einer Saison

Radamel Falcao (FC Porto)	2010/11	17
Jürgen Klinsmann (FC Bayern München)	1995/96	15

Das „Wunder vom Wildpark"

1993 kassierte der Karlsruher SC im Zweitrunden-Hinspiel des UEFA-Pokals gegen den FC Valencia eine 1 : 3-Niederlage. Das Rückspiel im Karlsruher Wildparkstadion wurde zum Spektakel: KSC-Torwart Oliver Kahn hielt den Kasten sauber und die Spieler kämpften – angetrieben von den Fans – wie besessen bis zum Endstand von 7 : 0 für Karlsruhe. KSC-Stürmer Edgar Schmitt traf allein viermal. Wenige Tage vorher hatte er einen schweren Autounfall, bei dem er sich mehrfach überschlug. Man nannte ihn deswegen „Looping-Schmitt". Nun verpasste ihm Fernsehkommentator Jörg Dahlmann den neuen Spitznamen „Euro-Eddy".

Wer spielt mit?

Die UEFA Europa League ist seit 2009 der Nachfolgewettbewerb des UEFA-Pokals. Die teilnehmenden europäischen Vereine qualifizieren sich über ihre nationalen Ligen. Sie belegen dort die Plätze hinter den Klubs, die in die Champions League dürfen. Wie viele Mannschaften aus welchem Land zugelassen werden, hängt von der Fünf-Jahreswertung der UEFA (→ S. 87) ab und vom aktuellen Qualifikationsmodus, der immer wieder angepasst wird. Startberechtigt sind zudem (seit Abschaffung des Europapokals der Pokalsieger 1999) alle nationalen Pokalsieger der UEFA-Mitgliedsverbände, sofern sie nicht in der Champions League antreten. Im Verlauf des Wettbewerbs stoßen aus der Champions League unterlegene Mannschaften der Qualifikation sowie Drittplatzierte der Gruppenphase dazu. Der Sieger der Europa League tritt im UEFA-Super Cup gegen den Champions-League-Gewinner an und erhält einen Startplatz in der Champions League der Folgesaison.

Vom „Looping-Schmitt" zum „Euro-Eddy": Edgar Schmitt nach seinem 1 : 0 gegen den FC Valencia.

Auch ein Wunder:

4:0

siegte der 1. FC Köln am 5. November 1980 gegen den FC Barcelona im Zweitrunden-Rückspiel des UEFA-Pokals.

Die Women's Champions League

Mit dem UEFA-Frauenpokal, erstmals durchgeführt 2001/2002, wurde ein Meilenstein im europäischen Vereinsfußball der Frauen geschaffen. Seit der Saison 2009/2010 wird der Wettbewerb als UEFA Women's Champions League ausgetragen – mit zunehmendem Medieninteresse und steigenden Zuschauerzahlen.

1. FFC Frankfurt

Den ersten UEFA-Frauenpokal holten die Spielerinnen vom 1. FFC Frankfurt 2002 im Frankfurter Waldstadion. Birgit Prinz und Steffi Jones erzielten die Siegtore zum 2 : 0 gegen Umeå IK aus Schweden. 2006 entschieden die Frankfurterinnen das Finale (2003 bis 2009 ausgetragen in Hin- und Rückspiel) wieder für sich – dieses Mal gegen den 1. FFC Turbine Potsdam. Der 1. FFC Frankfurt und Umeå IK standen sich 2008 zum dritten Mal im Finale des UEFA-Frauenpokals gegenüber. 2004 mussten sich die Frankfurterinnen den Schwedinnen geschlagen geben, doch dieses Mal erkämpften sie im Final-Rückspiel den Sieg. 2015 gingen die Frankfurter Spielerinnen im Finale gegen Paris Saint-Germain erneut als Siegerinnen vom Platz.

50 212

Zuschauer bildeten die Rekordkulisse im Münchner Olympiastadion beim Finale Lyon – Frankfurt im Jahr 2012.

Dzsenifer Maroszán (1. FFC Frankfurt) im Duell mit Kenza Dali (Paris Saint-Germain) im Finale der Champions League 2015.

Im Finale 2019 siegte Lyon deutlich mit 4 : 1 gegen den FC Barcelona.

Olympique Lyon

Bereits 2007/08 konnte sich Olympique Lyonnais, wie der Verein offiziell heißt, von der ersten Qualifikationsrunde bis ins Halbfinale kämpfen. 2011 schafften die Französinnen, was ihnen im Vorjahr nicht gelungen war: Sie schlugen den 1. FFC Turbine Potsdam im Endspiel. Damit begann die beeindruckende Serie des französischen Traditionsvereins: Bis 2019 hieß der Champions League Sieger jedes Jahr Olympique Lyon!

Anja Mittag

Sie ist die Rekordtorschützin des Wettbewerbs. Mit dem 1. FFC Turbine Potsdam konnte sie 2005 und 2010 den Titel gewinnen. 2012 bis 2015 spielte sie für den FC Rosengård, zu dem sie 2017, nach den Stationen Paris Saint-Germain und Wolfsburg wieder zurückkehrte. Seit 2019 ist sie beim Regionalligisten RB Leipzig als Individualtrainerin der Offensivspielerinnen, Scout und Spielanalystin unter Vertrag. Darüber hinaus wird sie bei den roten Bullen auch als Spielerin auf dem Platz stehen.
Geboren am: 16.05.1985
Verein: RB Leipzig
Position: Angriff
Erfolge (Auswahl): Champions-League-Siegerin 2010; UEFA-Cup-Siegerin 2005; Europameisterin 2005, 2009, 2013; Weltmeisterin 2007; Olympiasiegerin 2016; Deutsche Meisterin 2004, 2006, 2009, 2010, 2011, 2017; DFB-Pokal-Siegerin 2004, 2005, 2006; Schwedischer Supercup 2012, 2015; Schwedische Meisterin 2013, 2014

Deutsche Erfolgsteams

Neben den Frankfurterinnen und dem 1. FFC Turbine Potsdam, der 2005 und 2010 triumphierte, waren bisher zwei weitere deutsche Teams erfolgreich: Der FCR 2001 Duisburg siegte 2009, der VfL Wolfsburg 2013 (→ S. 75) und 2014.

Starke Vereine aus Schweden

2003 und 2004 sicherte sich Umeå IK den UEFA-Frauenpokal. Mit dabei: erstklassige Spielerinnen wie Hanna Ljungberg und ab 2004 die brasilianische Starkickerin Marta. Zu den starken Klubs aus Schweden gehören zum Beispiel auch Djurgården/Älvsjö, Finalist 2005, der Kopparbergs/Göteborg FC und der FC Rosengård (bis 2013 FC Malmö), bei dem auch die deutsche Nationalspielerin Anja Mittag spielte.

Torschützenköniginnen

2019	Pernille Harder (VfL Wolfsburg)	8
2018	Ada Hegerberg (Olympique Lyon)	15
2017	Zsanett Jakabfi (VfL Wolfsburg) Vivianne Miedema (FC Bayern München)	8
2016	Ada Hegerberg (Olympique Lyon)	13
2015	Célia Šašić (1. FFC Frankfurt)	14
2014	Milena Nikolic (FK Spartak Subotica)	11
2013	Laura Rus (Apollon Limassol LFC)	11
2012	Camille Abily, Eugénie Le Sommer (Olympique Lyon)	9
2011	Inka Grings (FCR 2001 Duisburg)	13
2010	Vanessa Bürki (FC Bayern München)	11
2009	Margrét Lára Vidarsdóttir (Valur Reykjavík)	14
2008	Vira Dyatel (Zhilstroy-1 Karkhiv), Patrizia Panico (ASD CF Bardolino Verona), Margrét Lára Vidarsdóttir (Valur Reykjavík)	9
2007	Julie Fleeting (Arsenal LFC)	9
2006	Margrét Lára Vidarsdóttir (Valur Reykjavík)	11
2005	Conny Pohlers (1. FFC Turbine Potsdam)	14
2004	Maria Gstöttner (SV Neulengbach)	11

Die Klub-Weltmeisterschaft

Die „beste Vereinsmannschaft der Welt" wird bei der FIFA Klub-Weltmeisterschaft ermittelt. Während der Wettbewerb in Europa im Schatten der Champions League steht, ist das Interesse in anderen Teilen der Welt sehr groß. Besonders in Asien und Südamerika fiebern viele Fernsehzuschauer mit und drücken ihren Teams die Daumen.

Sechs Kontinentalverbände

Neben der UEFA in Europa gibt es fünf weitere Kontinentalverbände, die internationale Vereinswettbewerbe veranstalten: Die Copa Libertadores des südamerikanischen Verbandes CONMEBOL wird dominiert von argentinischen und brasilianischen Klubs. In Afrika treten die Top-Teams in der CAF Champions League an. Die besten Klubs aus Nord-, Mittelamerika und Karibik spielen in der CONCACAF Champions League gegeneinander. Hinzu kommen die AFC Champions League in Asien und die OFC Champions League in Ozeanien.

Alle Sieger aus diesen Wettbewerben kämpfen um die FIFA Klub-Weltmeisterschaft. Außerdem ist das stärkste Team des Gastgeberlandes dabei. Die Teilnehmer aus Europa und Südamerika sind jeweils gesetzt und starten im Halbfinale. Die FIFA hat die Klub-WM nun reformiert und das Teilnehmerfeld von sieben auf 24 aufgestockt. Das Turnier findet im Sommer 2021 erstmalig als "Pilotprojekt" statt. Der Confed Cup wird dafür gestrichen.

Der Weltpokal

Von 1960 bis 2004 spielten der Sieger im Europapokal der Landesmeister bzw. der UEFA Champions League und der Gewinner des südamerikanischen Copa Libertadores gegeneinander. Bis 1979 trug der Wettbewerb den Namen „Weltpokal", ab 1980 wurde er nach dem japanischen Sponsor „Toyota Cup" genannt. Die Bezeichnung Weltpokal blieb aber weiterhin im Sprachgebrauch erhalten. Die FIFA Klub-Weltmeisterschaft startete 2000 zusätzlich und wurde in ihrer zweiten Austragung 2005 mit dem Toyota Cup zusammengelegt.

Weltpokalsiegerbesieger

2001 gewann der FC Bayern München den Toyota Cup. Kurz darauf besiegte der FC St. Pauli, damals Tabellenletzter, die Bayern unerwartet in der Bundesliga. Die humorvollen Hamburger ließen T-Shirts drucken mit der selbstbewussten Aufschrift „Weltpokalsiegerbesieger". Der FC St. Pauli rutschte wenig später in die zweite Liga ab – aber die T-Shirts fanden reißenden Absatz. Bis heute sind sie bei den Fans äußerst beliebt.

Die „Weltpokalsiegerbesieger" liegen sich am 6. Februar 2002 bei Spielende in den Armen. Aufsteiger FC St. Pauli gewinnt im heimischen Stadion am Millerntor das Bundesligaspiel der 21. Runde gegen den Titelverteidiger FC Bayern mit 2 : 1.

Finalisten 2009–2018

	Sieger	Zweiter
2018	Real Madrid (Spanien)	al Ain Club (Vereinigte Arabische Emirate)
2017	Real Madrid (Spanien)	Grêmio Porto Alegre (Brasilien)
2016	Real Madrid (Spanien)	Kashima Antlers (Japan)
2015	FC Barcelona (Spanien)	CA River Plate (Argentinien)
2014	Real Madrid (Spanien)	CA Lorenzo de Almagro (Argentinien)
2013	FC Bayern München (Deutschland)	Raya Casablanca (Marokko)
2012	Corinthians (Brasilien)	FC Chelsea (England)
2011	FC Barcelona (Spanien)	FC Santos (Brasilien)
2010	Inter Mailand (Italien)	TP Mazembe Englebert (DR Kongo)
2009	FC Barcelona (Spanien)	Estudiantes de La Plata (Argentinien)

2009, 2011 (Foto), 2015, 2017 und 2019 sicherte sich der FC Barcelona den Titel.

Das **200**ste Tor seit Beginn der Klub-WM schoss der Japaner Toshihiro Aoyama für seinen Verein Sanfrecce Hiroshima gegen Auckland City, Neuseeland, im Eröffnungsspiel 2012.

Corinthians

Brasilianische Vereine sind bei der Klub-Weltmeisterschaft stark vertreten und gewannen nicht nur die ersten drei Austragungen des Wettbewerbs. Die Corinthians São Paulo siegten 2000 und erneut 2012, nachdem der Verein zwischenzeitlich in Brasilien in die zweite Liga ab- und wieder in die erste Liga aufgestiegen war. Bester Torjäger des Klubs im Wettbewerb 2012 war der frühere Bundesligaprofi Paolo Guerrero (FC Bayern München und Hamburger SV).

Die Fans der Corinthians feiern das 1 : 0 gegen Chelsea im Finale der Klub-Weltmeisterschaft 2012.

Sieger der Champions League / des Europapokals der Landesmeister

2019	FC Liverpool	1997	Borussia Dortmund	1975	FC Bayern München
2018	Real Madrid	1996	Juventus Turin	1974	FC Bayern München
2017	Real Madrid	1995	Ajax Amsterdam	1973	Ajax Amsterdam
2016	Real Madrid	1994	AC Mailand	1972	Ajax Amsterdam
2015	FC Barcelona	1993	Olympique Marseille	1971	Ajax Amsterdam
2014	Real Madrid	1992	FC Barcelona	1970	Feyenoord Rotterdam
2013	FC Bayern München	1991	Roter Stern Belgrad	1969	AC Mailand
2012	FC Chelsea	1990	AC Mailand	1968	Manchester United
2011	FC Barcelona	1989	AC Mailand	1967	Celtic Glasgow
2010	Inter Mailand	1988	PSV Eindhoven	1966	Real Madrid
2009	FC Barcelona	1987	FC Porto	1965	Inter Mailand
2008	Manchester United	1986	Steaua Bukarest	1964	Inter Mailand
2007	AC Mailand	1985	Juventus Turin	1963	AC Mailand
2006	FC Barcelona	1984	FC Liverpool	1962	Benfica Lissabon
2005	FC Liverpool	1983	Hamburger SV	1961	Benfica Lissabon
2004	FC Porto	1982	Aston Villa	1960	Real Madrid
2003	AC Mailand	1981	FC Liverpool	1959	Real Madrid
2002	Real Madrid	1980	Nottingham Forest	1958	Real Madrid
2001	FC Bayern München	1979	Nottingham Forest	1957	Real Madrid
2000	Real Madrid	1978	FC Liverpool	1956	Real Madrid
1999	Manchester United	1977	FC Liverpool		
1998	Real Madrid	1976	FC Bayern München		

Sieger der Women's Champions League / des UEFA-Frauenpokals

2019	Olympique Lyon	2013	VfL Wolfsburg	2007	Arsenal LFC
2018	Olympique Lyon	2012	Olympique Lyon	2006	1. FFC Frankfurt
2017	Olympique Lyon	2011	Olympique Lyon	2005	1. FFC Turbine Potsdam
2016	Olympique Lyon	2010	1. FFC Turbine Potsdam	2004	Umeå IK
2015	1. FFC Frankfurt	2009	FCR 2001 Duisburg	2003	Umeå IK
2014	VfL Wolfsburg	2008	1. FFC Frankfurt	2002	1. FFC Frankfurt

Wettbewerbe
der
Nationalmannschaften

Die deutsche Nationalmannschaft

Es ist eine besondere Auszeichnung für einen Fußballer, zur Nationalmannschaft zu gehören. Hier kommen die besten Spieler zusammen
und vertreten ihr Land bei internationalen Wettbewerben. Die deutsche Elf konnte weltweit schon zahlreiche Erfolge feiern.

Erste Länderspiele

Das erste offizielle Länderspiel einer DFB-Auswahl
(→ S. 102) fand am 5. April 1908 in Basel gegen
die Schweiz statt. Die deutsche Elf verlor 3 : 5.
Sie musste noch einige Niederlagen einstecken,
bevor sie im Jahr darauf ihren ersten Sieg feiern
konnte – ebenfalls gegen die Schweiz: Bei einer
Partie in Karlsruhe gewannen die Deutschen 1 : 0.

Am selben Tag spielte eine zweite deutsche Nationalmannschaft in Budapest gegen Ungarn 3 : 3
unentschieden. Weil jeder deutsche Landesverband
möglichst viele seiner Spieler in der Nationalelf
sehen wollte, ließ man in Karlsruhe eine süddeut-
sche und in Budapest eine mittel- und norddeut-
sche Spielerauswahl antreten.

Im Nationalsozialismus

1934 nahm die Nationalmannschaft erstmals an
einer Weltmeisterschaft teil (→ S. 106). Seit
1933 waren die Nationalsozialisten in Deutschland an der Macht. Ihre menschenverachtende
Politik hatte Auswirkungen auf alle Bereiche
des Lebens – auch auf den Fußballsport. Mitglieder jüdischen Glaubens und Kommunisten
wurden aus dem DFB und seinen Vereinen
ausgeschlossen. Sie wurden von den
Nationalsozialisten verfolgt und
ermordet. Die Nationalspieler
mussten bei ihren Auftritten
den „Hitlergruß" zeigen.

Die größten Erfolge der deutschen Elf

Viermal Weltmeister	1954, 1974, 1990, 2014
Viermal Vize-Weltmeister	1966, 1982, 1986, 2002
Dreimal Europameister	1972, 1980, 1996
Dreimal Vize-Europameister	1976, 1992, 2008
Teilnahme an allen Weltmeisterschaften seit 1954	
Teilnahme an allen Europameisterschaften seit 1972	

Julius-Hirsch-Preis

Seit 2005 vergibt der DFB den Julius-Hirsch-
Preis gegen Rassismus und Antisemitismus
im Fußball. Der jüdische Stürmer Julius
„Juller" Hirsch wurde 1910 Deutscher
Meister mit dem Karlsruher FV und 1914
erneut mit der SpVgg Fürth. Von 1911 bis
1913 spielte er in der deutschen Nationalmannschaft und war bei den Olympischen
Spielen 1912 in Stockholm im Team. Aus der
Zeitung erfuhr Hirsch 1933, dass sein Verein
jüdische Mitglieder ausschloss. Zehn Jahre
später wurde er von den Nazis ins Konzentra-
tionslager Auschwitz verschleppt, wo er starb.
Der Julius-Hirsch-Preis geht an Menschen und
Initiativen, die sich gegen Fremdenfeindlichkeit
und Ausgrenzung einsetzen.

Zwei deutsche Nationalmannschaften

1949, vier Jahre nach dem Ende des Zweiten
Weltkriegs, wurden mit der Bundesrepublik
Deutschland und der Deutschen Demokratischen
Republik zwei neue deutsche Staaten gegründet.
Damit gab es in der Folge – bis zur Wiederverei-
nigung 1990 – auch zwei deutsche Nationalmann-
schaften: die DFB-Auswahl im Westen und die
DFV-Auswahl (DFV: Deutscher Fußball-Verband) im
Osten. 1954 nahm die bundesdeutsche Mannschaft
erstmals nach dem Zweiten Weltkrieg an einer
Weltmeisterschaft teil und gewann überraschend
(→ S. 107). Besondere Erfolge der DDR-Nationalelf
waren ihr Sieg über den späteren Weltmeister
Bundesrepublik Deutschland in der Vorrunde der
WM 1974 (→ S. 108) durch ein Tor von Jürgen
Sparwasser und die Goldmedaille bei den Olym-
pischen Sommerspielen 1976.

Die deutsche Elf präsentiert sich bei der Weltmeisterschaft 1990 (→ S. 108) vor einem Gruppenspiel den Fotografen. Vorne (von links): Thomas Häßler, Jürgen Klinsmann, Uwe Bein, Andreas Brehme und Lothar Matthäus. Hinten (von links): Thomas Berthold, Bodo Illgner, Klaus Augenthaler, Guido Buchwald, Stefan Reuter und Rudi Völler.

Die deutsche Nationalmannschaft im März 2013 vor einem Qualifikationsspiel zur WM 2014 (→ S. 105, 109). Vorne (von links): Philipp Lahm, Marco Reus, Mario Götze, Marcel Schmelzer und Mesut Özil. Hinten (von links): Manuel Neuer, Per Mertesacker, Thomas Müller, Sami Khedira, İlkay Gündoğan und Jérome Bôateng.

16 : 0 lautete der höchste Sieg einer deutschen Nationalmannschaft jemals: Bei den Olympischen Spielen 1912 schlug die deutsche Elf das Team aus Russland in der Trostrunde mit diesem Ergebnis. Möglicherweise waren die Russen etwas müde, weil sie am Abend zuvor – vielleicht sogar mit den Deutschen zusammen – gefeiert hatten.

Internationale Wurzeln

Viele deutsche Nationalspieler sind bei Bundesligavereinen unter Vertrag, einige bei Klubs im Ausland. Zahlreiche Spieler haben ausländische Wurzeln und sind Kinder von Einwanderern. Auch vor diesem Hintergrund setzen sich deutsche Nationalspieler für Integration und gegen Rassismus ein.

Der DFB

Die deutsche Nationalmannschaft heißt auch „DFB-Auswahl" – DFB ist die Abkürzung für „Deutscher Fußball-Bund". Der wurde am 28. Januar 1900 durch Vertreter von 86 Vereinen im Leipziger Restaurant „Zum Mariengarten" gegründet. Der DFB übernahm die Organisation des Fußballspiels für ganz Deutschland, nachdem in verschiedenen Gegenden Klubs und Verbände entstanden waren. Er sorgte zum Beispiel dafür, dass alle nach denselben Regeln spielten, und organisierte Meisterschaften. Erster Vorsitzender war Professor Dr. Ferdinand Hueppe. Heute hat der DFB über 7 Millionen Mitglieder und ist der größte nationale Fußballverband der Welt.

71 Tore erzielte Rekord-Torjäger Miroslav Klose in 137 Länderspielen. Gerd Müller traf 68 Mal in 62 Spielen.

Das DFB-Team

Der Bundestrainer entscheidet, welche Spieler zum Kader der Nationalmannschaft gehören. Dazu beobachtet er deutsche Spitzenfußballer bei den Einsätzen für ihre Vereine im In- und Ausland. Denn eine grundlegende Voraussetzung für die Aufnahme ins Team ist – neben der deutschen Staatsbürgerschaft – eine konstant gute Leistung. Der Bundestrainer selbst muss übrigens kein Deutscher sein, auch wenn das bisher immer so war.

Bis 1926 musste die deutsche Nationalmannschaft übrigens ganz ohne Trainer auskommen. Der DFB-Spielausschuss stellte die Elf zusammen und der Kapitän legte die Taktik fest. Heute gibt es neben dem Bundestrainer einen Assistenztrainer und einen Torwarttrainer, außerdem begleiten Fitnesstrainer, Ärzte, Physiotherapeuten und viele andere Mitarbeiter die Mannschaft.

Damals hat die halbe Nation hinter dem Fernseher gestanden.
Franz Beckenbauer über das WM-Finale 1990

Nationaltrainer im Überblick

Seit 2006	Joachim Löw
2004 – 2006	Jürgen Klinsmann
2000 – 2004	Rudi Völler
1998 – 2000	Erich Ribbeck
1990 – 1998	Berti Vogts
1984 – 1990	Franz Beckenbauer
1978 – 1984	Jupp Derwall
1964 – 1978	Helmut Schön
1936 – 1964	Sepp Herberger
1926 – 1936	Otto Nerz
1908 – 1926	kein Trainer

Joachim Löw

Funktion: Bundestrainer
Geboren am: 3. Februar 1960 in Schönau, Schwarzwald
Größe: 1,82 m
Stationen als Trainer:

1994	FC Winterthur, A-Junioren
1994 – 1995	FC Frauenfeld
1995 – 1996	VfB Stuttgart, Co-Trainer
1996 – 1998	VfB Stuttgart, Chef-Trainer
1998 – 1999	Fenerbahçe Istanbul
1999 – 2000	Karlsruher SC
2000 – 2001	Adanaspor
2001 – 2002	FC Tirol Innsbruck
2003 – 2004	FK Austria Wien
2004 – 2006	Assistenztrainer der deutschen Nationalmannschaft
Seit 12.07.2006	Bundestrainer

Trainererfolge (Auswahl):

2014	Weltmeister
2012	EM-Dritter
2010	WM-Dritter
2008	Vize-Europameister
2006	WM-Dritter als Assistenztrainer
2002	Österreichischer Meister mit dem FC Tirol Innsbruck
1997	DFB-Pokalsieger mit dem VfB Stuttgart

Die Ehrenspielführer

Mit dem Titel „Ehrenspielführer" werden National-spieler für ganz besondere Leistungen ausgezeich-net. Bei den Männern bekamen bisher sechs Spieler diesen Titel verliehen: **Fritz Walter** war der erste. In 61 Länderspielen stand er für die deutsche Elf auf dem Platz – davon 30 Spiele als Kapitän – und erzielte 33 Tore. Walter war unter anderem beim WM-Sieg 1954 als Kapitän dabei. **Uwe Seeler** mit 72 Länderspielen – davon 40 als Kapitän – und 43 Toren gehört ebenfalls zu den Titelträgern. **Franz Beckenbauer** war als Spieler und Teamchef der Nationalmannschaft erfolgreich. Als Spieler bestritt er 103 Länderspiele, davon 50 als Kapitän, u. a. beim WM-Sieg 1974, und erzielte 14 Tore. Seinen größten Erfolg als Trainer der DFB-Elf feierte er 1990 mit dem Weltmeister-Titel. **Lothar Matthäus** hält den Rekord mit den meisten Einsätzen als deutscher Nationalspieler (der Män-ner). Er trug das Trikot der Nationalmannschaft in 150 Länderspielen, davon 75 als Kapitän, und schoss dabei 23 Tore. Er war u. a. beim WM-Sieg

1990 Mannschaftskapitän. Bei diesem Erfolg dabei war auch **Jürgen Klinsmann,** der zudem 1996 die Kapitänsbinde trug, als das deutsche Team Europa-meister wurde. Als Trainer erreichte er mit der deutschen Nationalmannschaft beim „Sommermär-chen" 2006 den dritten Platz. Als bisher letzter erhielt 2017 **Philipp Lahm** den Titel des Ehrenspiel-führers. Er war für die DFB-Auswahl 113 Mal im Einsatz – davon 53 Spiele als Kapitän.

WM-Kapitäne	
WM 2018	Manuel Neuer
WM 2010, 2014	Philipp Lahm
WM 2006	Michael Ballack
WM 2002	Oliver Kahn
WM 1998	Jürgen Klinsmann
WM 1990, 1994	Lothar Matthäus
WM 1982, 1986	Karl-Heinz Rummenigge
WM 1978	Berti Vogts
WM 1974	Franz Beckenbauer
WM 1966, 1970	Uwe Seeler
WM 1958, 1962	Hans Schäfer
WM 1954	Fritz Walter
WM 1934, 1938	Fritz Szepan

Joachim "Jogi" Löw und seine Jungs beim Training in Sotschi, Russland (Confederations Cup, Juni 2017).

Die Weltmeisterschaft

Unter Jules Rimet, FIFA-Präsident von 1921 bis 1954, beschloss der Weltfußballverband FIFA, 1930 die erste Weltmeisterschaft auszutragen. Inzwischen ist die Fußball-WM ein Großereignis, das Fans und Aktive rund um die Erde begeistert. Alle vier Jahre kämpfen Nationalmannschaften von allen Kontinenten um den Titel.

WM-Teilnehmer

32 Nationalmannschaften nehmen an der WM teil. Das Team des Gastgeberlandes hat automatisch einen Turnierplatz sicher, die anderen müssen sich im Vorfeld qualifizieren. In der Endrunde spielen die Mannschaften zunächst in acht Gruppen à vier Teams gegeneinander. Der Gruppenerste und -zweite kommen jeweils weiter. Diese 16 Teams kämpfen im K.-o.-System vom Achtelfinale bis zum WM-Sieg. Ab 2026 sollen 48 Mannschaften an der WM teilnehmen.

Der WM-Pokal

Die erste Trophäe hieß zunächst einfach „Weltpokal". 1946 bekam sie den Namen „Jules-Rimet-Pokal" nach dem früheren FIFA-Präsidenten. 1966 wurde der Pokal in England gestohlen, als er vor der WM in einer Ausstellung zu sehen war. Der kleine Hund Pickles spürte ihn zufällig in einem Londoner Vorgarten unter einem Busch wieder auf. 1970 durften die Brasilianer den Jules-Rimet-Pokal nach ihrem dritten WM-Titelgewinn behalten. Er wurde jedoch 1983 erneut gestohlen und ist seitdem verschwunden. Die Brasilianer ließen eine Kopie herstellen. Für die WM 1974 und die folgenden Turniere wurde ein neuer Pokal angefertigt nach einem Entwurf des Italieners Silvio Gazzaniga. Der FIFA WM-Pokal besteht aus Gold und zwei Halbedelsteinringen im Fuß. Er bleibt im Besitz der FIFA und der WM-Sieger bekommt eine vergoldete Kopie, den FIFA WM-Siegerpokal.

2002 hieß der Weltmeister Brasilien. Kapitän Cafu (mit Pokal) und seine Teamkollegen schlugen Deutschland mit 2 : 0.

Bisherige WM-Siege

1.	Brasilien	5
2.	Italien	4
	Deutschland	4
3.	Uruguay	2
	Argentinien	2
	Frankreich	2
4.	England	1
	Spanien	1

Sterne für die Weltmeister
Für jede gewonnene Weltmeisterschaft darf das Team einen Stern auf dem Trikot tragen. Eine Ausnahme bildet Uruguay: Weil es vor 1930 noch keine WM gab, trägt die Nationalmannschaft zwei zusätzliche Sterne für ihre Olympiasiege 1924 und 1928.

Die meisten WM-Tore kann mit **16** Treffern Miroslav Klose für sich verbuchen.

Mit einem 1 : 0 im Finale gegen Argentinien sicherte sich die deutsche Nationalmannschaft 2014 ihren vierten Weltmeistertitel (→ S. 109).

Mit nur **17** Jahren wurde Pelé 1958 der bisher jüngste Fußball-Weltmeister.

WM-Austragungsorte

1930	Uruguay
1934, 1990	Italien
1938, 1998	Frankreich
1950, 2014	Brasilien
1954	Schweiz
1958	Schweden
1962	Chile
1966	England
1970, 1986	Mexiko
1974, 2006	Deutschland
1978	Argentinien
1982	Spanien
1994	USA
2002	Korea/Japan
2010	Südafrika
2018	Russland
2022	Katar
2026	Kanada/Mexiko/USA

Krake Paul
Bei der WM 2010 orakelte ein Tintenfisch: Krake Paul sagte alle Spielergebnisse der deutschen Nationalmannschaft und den Ausgang des Finales richtig voraus! In sein Aquarium in Oberhausen wurden jeweils zwei durchsichtige Kunststoffbehälter mit einer Miesmuschel darin gestellt. Auf den Gefäßen waren die Flaggen der Nationalteams angebracht, die gegeneinander antraten. Der Kasten, aus dem Paul die Muschel fischte und futterte, zeigte seinen Siegertipp an.

WM-Höhepunkte

Uruguay 1930

Nur 13 Länder nahmen an der ersten Weltmeisterschaft teil – Deutschland gehörte nicht dazu. Vielen Verbänden waren die Kosten zu hoch, weltweit herrschte Wirtschaftskrise. Von Europa aus musste man damals mit dem Schiff anreisen, was mühsam und zeitaufwendig war. Und es störte einige Verbände, dass auch Profispieler zugelassen waren. Für die deutsche Nationalmannschaft kickten nach wie vor Amateure. Schließlich nahmen nur Belgien, Frankreich, Jugoslawien und Rumänien die Atlantiküberquerung auf sich. Jugoslawien kam bis ins Halbfinale.
Finale: Uruguay – Argentinien 4 : 2

Italien 1934

Bei der zweiten WM-Austragung legten Argentinien, Brasilien und die USA den weiten Weg über den Atlantik zurück – und schieden gleich in der ersten Runde aus. Uruguay reiste gar nicht erst an, um den Titel zu verteidigen.
Die italienischen Faschisten benutzten die WM, um sich der Welt in einem positiven Licht zu zeigen, Diktator Mussolini soll seinem Land mit Bestechungen zum Sieg verholfen haben. Das deutsche Team von Reichstrainer Otto Nerz erreichte bei seiner ersten WM-Teilnahme den dritten Platz nach einem 3 : 2 gegen Österreich.
Finale: Italien – Tschechoslowakei 2 : 1 n. V.

Nach Siegen über Peru, Rumänien, Jugoslawien und Argentinien gewann Gastgeber Uruguay das erste WM-Turnier.

Frankreich 1938

Nazi-Deutschland war im März in Österreich einmarschiert und hatte das Land als „Ostmark" dem „Deutschen Reich" angegliedert. Deshalb fuhr der neue Reichstrainer Sepp Herberger mit einem deutsch-österreichischen Team zur WM nach Frankreich. Diese „großdeutsche" Mannschaft überstand jedoch nicht mal die erste Runde. Das Turnier war überschattet von den Vorboten des Zweiten Weltkriegs.
Finale: Italien – Ungarn 4 : 2

1939 – 1945 Zweiter Weltkrieg

1936 hatte Deutschland sich – neben Brasilien – als Austragungsort für die WM 1942 beworben. Doch der Krieg machte WM-Austragungen unmöglich und die FIFA schloss Nazi-Deutschland 1942 aus dem Weltfußballverband aus. FIFA-Vizepräsident Dr. Ottorino Barassi (Italien) versteckte den Pokal während des Krieges in einem Schuhkarton unter seinem Bett.

Brasilien 1950

Wie 1930 nahmen an der ersten WM nach Kriegsende nur 13 Länder teil. Deutschland blieb ausgeschlossen, auch Japan durfte nicht teilnehmen. Indien sagte ab, weil die FIFA der Mannschaft verbot, barfuß zu spielen. England war erstmals dabei, kam aber – wie auch Titelverteidiger Italien – nicht in die Endrunde. Dass die Seleção, das Team der Gastgeber, den WM-Sieg knapp verpasste, war für viele Brasilianer eine unfassbare Katastrophe.
Finalrunde: Uruguay, Brasilien, Schweden, Spanien
Sieger: Uruguay

Helmut Rahn traf in der 84. Minute zum 3 : 2 – und
Deutschland war zum ersten Mal Fußball-Weltmeister.
Im Bild: Fritz Walter mit dem WM-Pokal.

Schweiz 1954

1950 war der DFB wieder von der
FIFA aufgenommen worden und
die Deutschen durften an der WM
1954 teilnehmen. Die bundesdeutsche Nationalmannschaft – nach wie
vor trainiert von Sepp Herberger –
schaffte es ins Finale, das in Bern
stattfand. Dort besiegte die Elf um
Fußballlegende Fritz Walter die
Favoriten aus Ungarn überraschend
mit 3 : 2. Dieses „Wunder von Bern"
löste eine gewaltige Fußballbegeisterung in Deutschland aus, Menschen in der BRD und der DDR
jubelten.
**Finale: Bundesrepublik Deutsch-
land – Ungarn 3 : 2**

Chile 1962

Eine Trainerentscheidung sorgte im Quartier
der bundesdeutschen Mannschaft einen
Tag vor dem ersten Spiel der Deutschen für
Aufregung: Sepp Herberger hatte beschlos-
sen, statt des erfahrenen Hans Tilkowski den
jungen Wolfgang Fahrian vom TSG Ulm ins
Tor zu stellen. Fahrian feierte am Tag seines
ersten WM-Einsatzes seinen 21. Geburtstag
und ließ kein Tor der italienischen Gegner zu.
Sepp Herbergers Elf schied im Viertelfinale
gegen Jugoslawien aus.
Finale: Brasilien – Tschechoslowakei 3 : 1

Schweden 1958

Brasilien brachte einen jungen Spieler mit, der
zum Star wurde: Pelé gewann mit 17 Jahren
seine erste Weltmeisterschaft. Im Turnier erzielte
er sechs Tore und wurde als bester junger Spieler
ausgezeichnet. Auch Titelverteidiger Deutschland
hatte ein junges Torjäger-Talent dabei: Uwe
Seeler trat erstmals bei einer WM an und erzielte
zwei Treffer. Im Halbfinale scheiterten die Deutschen an Schweden, den dritten Platz verloren sie
schließlich an Frankreich.
Finale: Brasilien – Schweden 5 : 2

England 1966

Mit dem Löwen „World Cup Willie" gab es
erstmals ein offizielles WM-Maskottchen – und
Willie brachte vor allem den Gastgebern Glück:
Die Engländer erreichten das Halbfinale, ohne
ein Gegentor kassiert zu haben. Titelverteidiger
Brasilien war bereits überraschend nach der
Vorrunde ausgeschieden. Das berühmte Wembley-Tor (→ S. 26) verhalf England im Finale
gegen Deutschland zum Sieg.
**Finale: England – Bundesrepublik Deutsch-
land 4 : 2 n. V.**

Mexiko 1970

Trotz großer Hitze in Mexiko bekamen die
Zuschauer erstklassigen Fußball geboten –
unter anderem im spannenden Halbfinalkrimi
Italien gegen die Bundesrepublik Deutschland:
Erst in letzter Minute gelang den Deutschen
der Ausgleich zum 1 : 1. Das Spiel ging in die
Verlängerung, in der noch fünf Tore fielen bis
zum 4 : 3-Endstand für Italien. Eine Tafel am
Aztekenstadion in Mexiko City erinnert noch
heute an das „Jahrhundertspiel". Der deutsche
Stürmer Gerd Müller wurde mit zehn WM-
Treffern Torschützenkönig des Turniers.
Finale: Brasilien – Italien 4 : 1

Deutschland 1974

Die bundesdeutsche Nationalmannschaft startete als Favorit in die WM. Doch ausgerechnet gegen die Nationalelf der DDR musste die Mannschaft um „Kaiser" Franz Beckenbauer in ihrem dritten Spiel eine Niederlage einstecken. Beide Teams kamen weiter, aber die Chancen der Bundesrepublik auf den Weltmeistertitel wurden infrage gestellt. Nach Veränderungen in der Startelf schaffte es die Mannschaft doch ins Finale und schlug die starken Niederländer um „König Johan" Cruyff.
Finale: Niederlande - Bundesrepublik Deutschland 1 : 2

Sepp Maier hält gegen Johan Cruyff.

Argentinien 1978

„I wer' narrisch. Krankl schießt ein – 3 : 2 für Österreich!", schrie der österreichische Reporter Edi Finger ins Radiomikrofon. In der zweiten Runde der WM 1978 besiegte Österreich die Bundesrepublik Deutschland völlig unerwartet. Für Titelverteidiger Deutschland eine Blamage, die als „Schmach von Córdoba" in die deutsche Fußballgeschichte einging. Für die Österreicher war es das „Wunder von Córdoba". Beide Mannschaften schieden aus dem Turnier aus.
Finale: Argentinien – Niederlande 3 : 1 n. V.

Spanien 1982

1982 sahen die Zuschauer ein dramatisches Halbfinale der bundesdeutschen Mannschaft gegen Frankreich. Es stand 1 : 1, als der deutsche Torhüter Harald „Toni" Schumacher – angestachelt vom Wunsch, unbedingt das Finale zu erreichen – rücksichtslos in einen französischen Angreifer sprang. Er brach dem Franzosen Patrick Battiston dabei einen Wirbel an und schlug ihm zwei Zähne aus. Im Spiel, das schließlich nach Verlängerung und Elfmeterschießen 8 : 7 für Deutschland endete, kam Schumacher ungeschoren davon. Später entschuldigte er sich bei Battiston.
Finale: Italien – Bundesrepublik Deutschland 3 : 1

Mexiko 1986

Star der WM 1986 war der Argentinier Diego Maradona, der großen Anteil am WM-Sieg seines Teams hatte. Maradona erzielte fünf Turniertore und wurde als bester Spieler ausgezeichnet. Ein Treffer im Viertelfinale gegen England war allerdings nicht fair: Maradona hatte den Ball mit der Hand ins Tor gelenkt, doch das war dem Schiedsrichter entgangen. Nach dem Spiel sprach Diego Maradona von der „Hand Gottes", die beim Treffer geholfen habe.
Finale: Argentinien – Bundesrepublik Deutschland 3 : 2

Diego Maradona und die „Hand Gottes".

Italien 1990

Mit dieser WM schrieb Franz Beckenbauer erneut Fußballgeschichte: Weltmeister als Spieler und als Trainer – das war nur einem Mann zuvor gelungen, dem Brasilianer Mario Zagallo. 1974 hatte Beckenbauer als Kapitän auf dem Platz gestanden, 1990 führte er die deutsche Nationalmannschaft als Bundestrainer zum dritten WM-Erfolg. Andreas Brehme verwandelte im Finale einen Strafstoß zum Siegtreffer.
Finale: Bundesrepublik Deutschland – Argentinien 1 : 0

USA 1994

Die Finalteilnehmer Brasilien und Italien waren beide bereits dreifacher Weltmeister. Nach regulärer Spielzeit und Verlängerung stand es noch immer 0 : 0 und erstmals entschied ein Elfmeterschießen über den WM-Sieg. Pechvogel des Spiels war der Italiener Roberto Baggio – er schoss den entscheidenden Elfmeter übers Tor und die Brasilianer holten ihren vierten WM-Titel.
Finale: Brasilien – Italien 0 : 0 n. V., 3 : 2 i. E.

Korea/Japan 2002

Torhüter Oliver Kahn war in überragend guter Form: Ein einziges Tor hatten die Deutschen auf dem Weg ins Finale kassiert, beim 1 : 1 gegen Irland in der Gruppenphase. Doch im Endspiel gelangen dem Brasilianer Ronaldo dann zwei Treffer gegen den Torwart-„Titan", was der Seleção ihren fünften WM-Sieg sicherte. Torschützenkönig Ronaldo traf acht Mal. Vier Jahre später zog er mit drei weiteren WM-Toren an Rekordhalter Gerd Müller vorbei:
Finale: Deutschland – Brasilien 0 : 2

Südafrika 2010

Mit großer Begeisterung und lauten Kunststofftrompeten, den Vuvuzelas, feuerten die Afrikaner nicht nur die südafrikanische Nationalmannschaft an. Ihre „Bafana Bafana" schaffte es bei dieser ersten WM auf dem afrikanischen Kontinent leider nicht über die Gruppenphase hinaus. Die deutsche Elf kämpfte schließlich erneut um Platz drei – und erreichte ihn auch mit einem 3 : 2 gegen Uruguay. Am Ende jubelten die Spanier: Sie wurden zum ersten Mal Weltmeister.
Finale: Niederlande – Spanien 0 : 1 n. V.

Frankreich 1998

Bei der WM 1998 war im Viertelfinale Schluss für die deutsche Mannschaft: Nachdem Verteidiger Christian Wörns einen Platzverweis erhalten hatte, verloren die Deutschen 0 : 3 gegen Kroatien. Einen der Treffer erzielte der Kroate Davor Suker, der schließlich Torschützenkönig des Turniers wurde. Frankreichs Star Zinédine Zidane beeindruckte die Zuschauer und verhalf seinem Team mit zwei Finaltoren zum WM-Titel.
Finale: Brasilien – Frankreich 0 : 3

Deutschland 2006

Die Deutschen zeigten sich beim „Sommermärchen" als gute Gastgeber und feierten ein rauschendes Fußballfest mit Besuchern aus aller Welt. Zwar verlor die deutsche Elf im Halbfinale gegen Italien, doch das war beim Spiel um den dritten Platz schon fast vergessen. Mit 3 : 1 besiegte die deutsche Mannschaft Portugal und wurde als „Weltmeister der Herzen" von ihren Fans gefeiert.
Finale: Italien – Frankreich 1 : 1 n. V., 5 : 3 i. E.

Brasilien 2014

Nach 24 Jahren ohne Weltmeistertitel wurde für die deutsche Mannschaft am 13. Juli 2014 ein lang gehegter Traum wahr. In der dramatischen Verlängerung des Finales gegen Argentinien schrieb Mario Götze mit seinem Tor in der 113. Spielminute Fußballgeschichte – Deutschland war zum vierten Mal Weltmeister! Der Titeltraum des Gastgebers hingegen endete in einem für Spieler und Fans unfassbaren Debakel: In einem spektakulären Halbfinale besiegte die deutsche Mannschaft Brasilien mit 7 : 1.
Finale: Deutschland – Argentinien 1 : 0 n. V.

Russland 2018

Diese WM sollte nicht die der deutschen Elf sein. Erstmals in ihrer WM-Geschichte schied die Mannschaft bereits in der Vorrunde aus – und das auch noch als Gruppenletzter. Damit setzte sich ein Trend fort: Bei den letzten drei WM-Endrunden erreichte der amtierende Weltmeister jeweils nicht das Achtelfinale. 2010 traf es Italien, 2014 Spanien und 2018 dann Deutschland.
Finale: Frankreich – Kroatien 4 : 2

Die Europameisterschaft

Zum europäischen Fußballfest mit begeisterten Zuschauern hat sich die UEFA Europameisterschaft seit 1960 entwickelt. Sie findet alle vier Jahre statt. Anfangs kamen nur vier Teams in die Endrunde – bei der EM 2016 in Frankreich traten erstmals 24 europäische Nationalmannschaften gegeneinander an.

Der Beginn

1954 schlug die französische Sport-zeitung L'Équipe die Austragung einer Fußball-Europameisterschaft vor. Unterstützt wurde die Idee vom damaligen UEFA-Generalsekretär Henri Delaunay. Nach dessen Tod setzte sich sein Sohn Pierre weiter für einen „Europapokal der Nationen" ein. Am 28. September 1958 war es dann so weit: Das erste Spiel konnte in Moskau angepfiffen werden. Das gesamte Turnier lief über 22 Monate mit einer Endrunde, die im Juli 1960 in Frankreich stattfand.

Bisherige EM-Siege

Spanien	3
Deutschland	3
Frankreich	2
Portugal	1
Griechenland	1
Dänemark	1
Niederlande	1
Tschechoslowakei	1
Italien	1
Sowjetunion	1

Der Henri-Delaunay-Pokal

Die EM-Trophäe ist benannt nach dem ersten UEFA-Generalsekretär. Der erste Pokal wurde 1960 ent-worfen. Weil die UEFA ihn inzwi-schen zu klein fand, wurde das Design für die Europameisterschaft 2008 und folgende Austragungen aktualisiert. Jetzt ist der Silberpokal 18 Zentimeter gewachsen und wiegt zwei Kilogramm mehr.

Zwischen zwei Weltmeister-schaften ist der Neuaufbau einer starken Nationalelf die erste Aufgabe. Da stört ein Europaturnier bloß.

Sepp Herberger

4 Minuten dauerte es, bis 1958 das erste Tor im Rahmen einer Europameisterschaft fiel. Torschütze war Anatoli Ilyin, Sowjetunion, im Spiel gegen Ungarn.

Später Start

Bundestrainer Sepp Herberger hatte kein Interesse, am „Europapokal der Nationen" 1960 und 1964 teilzunehmen. Er nannte ihn „reine Zeitverschwendung". Als die bundesdeutsche Nationalmannschaft, betreut von Herberger-Nachfolger Helmut Schön, dann in der Qualifikationsphase für die Europameisterschaft 1968 antrat, scheiterte sie an Albanien. 1972 gelang dann endlich die erste EM-Teilnahme – und führte auch gleich zum Turniersieg (→ S. 112).

EM-Maskottchen

2020	Skillzy	Freestyle-Fußballer, der alle zwölf Austragungsländer repräsentiert
2016	Super Victor	Junge mit Superhelden-Umhang, Frankreichtrikot, Fußballschuhen und Ball
2012	Slavek und Slavko	Polnisch-ukrainische Fußball-zwillinge mit Punkfrisur
2008	Trix und Flix	Österreichisch-schweizerische Fußballzwillinge mit Zackenkopf
2004	Kinas	Junge
2000	Benelucky	Mischung aus Löwe und Teufel
1996	Goaliath	Löwe
1992	Kaninchen	Kaninchen
1988	Berni	Hase
1984	Peno	Hahn
1980	Pinocchio	Holzpuppe nach der gleichna-migen Kinderbuchfigur

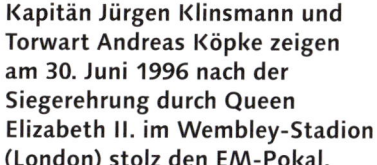

Kapitän Jürgen Klinsmann und
Torwart Andreas Köpke zeigen
am 30. Juni 1996 nach der
Siegerehrung durch Queen
Elizabeth II. im Wembley-Stadion
(London) stolz den EM-Pokal.

Bastian Schweinsteiger
ringt im Halbfinale der
EM 2016 mit Fankreichs
Olivier Giroud. Deutsch-
land unterlag mit 0 : 2,
Frankreich im Finale
später mit 0 : 1 gegen
Portugal.

EM-Austragungsorte

1960, 1984, 2016	Frankreich	1996	England
1964	Spanien	2000	Belgien/Niederlande
1968, 1980	Italien	2004	Portugal
1972	Belgien	2008	Österreich/Schweiz
1976	Jugoslawien	2012	Polen/Ukraine
1988	Bundesrepublik Deutschland	2020	in 12 europäischen Ländern
1992	Schweden	2024	Deutschland

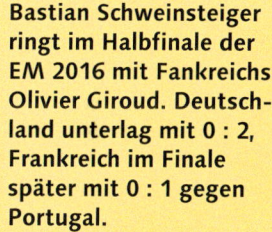

EM-Höhepunkte

Frankreich 1960

Der erste „Europapokal der Nationen" hätte fast nicht stattgefunden, weil sich zu wenige Länder dafür anmeldeten. Einige Nachzügler machten den Turnierstart dann doch noch möglich, die Bundesrepublik Deutschland war aber nicht dabei. Den ersten Titel gewann schließlich die Sowjetunion – nicht zuletzt dank ihres großartigen Torhüters Lew Jaschin.
Finale: Sowjetunion – Jugoslawien 2 : 1 n. V.

Spanien 1964

Auch die zweite Austragung lief noch unter dem Namen „Europapokal der Nationen" und fand ohne die Bundesrepublik Deutschland statt. Die Nationalmannschaft der DDR schied – wie vier Jahre zuvor – im Achtelfinale aus. Spanien sicherte sich vor heimischer Kulisse den Titel.
Finale: Spanien – Sowjetunion 2 : 1

Gerd Müller trifft zum 1 : 0 im EM-Finale 1972 gegen die Sowjetunion.

Italien 1968

Bei der ersten Austragung als „UEFA Europameisterschaft" startete auch die bundesdeutsche Nationalelf in der Qualifikationsphase, schied jedoch nach einem 0 : 0 gegen Albanien aus. Im Finale zwischen Italien und Jugoslawien stand es nach Verlängerung 1 : 1. Elfmeterschießen war noch nicht vorgesehen. Deshalb kam es zwei Tage später zu einem Wiederholungsspiel. Das Halbfinale zwischen Italien und der Sowjetunion war nach 120 Minuten ohne ein Tor durch einen Münzwurf entschieden worden.
Finale: Italien – Jugoslawien 2 : 0

Belgien 1972

Gerd Müller trug entscheidend zum ersten EM-Sieg der Bundesrepublik Deutschland bei: Im Halbfinale gegen Belgien erzielte er zwei Treffer und auch im Finale gegen die Sowjetunion gingen zwei Tore auf sein Konto. Zur hochkarätig besetzten deutschen Mannschaft gehörten auch Franz Beckenbauer, Günter Netzer, Sepp Maier, Paul Breitner, Hans-Georg Schwarzenbeck, Jupp Heynckes und Uli Hoeneß.
Finale: Bundesrepublik Deutschland – Sowjetunion 3 : 0

Jugoslawien 1976

Die bundesdeutsche Mannschaft war amtierender Welt- und Europameister, startete somit als Favorit in die EM und erreichte schließlich das Endspiel. Zum ersten Mal in einem großen internationalen Turnier wurde das Finale durch Elfmeterschießen entschieden. Uli Hoeneß verschoss den vierten Elfmeter der Deutschen und Torhüter Sepp Maier musste sich am Ende Antonín Panenka geschlagen geben, der den entscheidenden Elfer für die Tschechoslowakei ins Tor lupfte.
Finale: Tschechoslowakei – Bundesrepublik Deutschland 2 : 2 n. V., 5 : 3 i. E.

Italien 1980

Mit „Pinocchio" kam das erste offizielle EM-Maskottchen zum Einsatz und es brachte der bundesdeutschen Mannschaft Glück im Unglück: Acht Wochen vor Beginn der EM war Horst Hrubesch in den Kader gekommen, weil der Stürmer Klaus Fischer wegen eines Beinbruchs ausfiel. Im Finale erzielte Hrubesch zwei Treffer und sicherte seinem Team den Titel. Den ersten schoss Hrubesch bereits in der 10. Minute ins Netz des belgischen Torwarts Jean-Marie Pfaff, den zweiten köpfte das „Kopfballungeheuer" in der 89. Minute nach einer Ecke von Karl-Heinz Rummenigge ins Tor.
Finale: Belgien – Bundesrepublik Deutschland 1 : 2

Der französische Mannschaftskapitän Michel Platini erzielte 1984 neun Treffer in der EM-Endrunde, was ihm bisher keiner nachmachen konnte.

Hansi Müller (oben), Bernd Schuster (Nr. 6) und Hans-Peter Briegel (Nr. 2) bejubeln den zweifachen Torschützen Horst Hrubesch.

Frankreich 1984

Bei der WM zwei Jahre zuvor waren die Franzosen im Halbfinale beim Elfmeterschießen an der bundesdeutschen Mannschaft gescheitert. Jetzt wollten sie mehr – und schafften es auch. Sie erkämpften vor heimischer Kulisse ihren ersten internationalen Titel.
Das bundesdeutsche Team kam nicht über die Gruppenphase hinaus. Trainer Jupp Derwall trat in der Folge zurück und Franz Beckenbauer wurde neuer Teamchef.
Finale: Frankreich – Spanien 2 : 0

Deutschland 1988

Als Gastgeber war die bundesdeutsche Mannschaft automatisch für die Endrunde qualifiziert. Im Halbfinale trafen die Deutschen auf die Niederlande. Seit dem WM-Finale 1974, das ebenfalls in Deutschland zwischen den beiden Mannschaften ausgetragen wurde, gelten die beiden Teams als große Fußballrivalen. Marco van Basten, Torschützenkönig des Turniers, erzielte den Siegtreffer zum 2 : 1 für die Niederlande.
Finale: Sowjetunion – Niederlande 0 : 2

Mit den Dänen hatte 1992 keiner gerechnet: Torschütze Kim Vilfort (Dänemark) wird nach seinem 2 : 0 gegen Deutschland von seinen Teamkollegen fast „erdrückt".

Schweden 1992

Mit den Außenseitern aus Dänemark hatte keiner gerechnet – doch sie sorgten in diesem Turnier für die große Überraschung: Sie siegten gegen Frankreich sowie den amtierenden Europameister, die Niederlande, und schlugen schließlich im Finale den Weltmeister Deutschland. Dabei wäre Dänemark eigentlich gar nicht bei der EM dabei gewesen – die Nationalelf hatte die Qualifikation nicht geschafft. Doch dann wurde Jugoslawien aus politischen Gründen kurzfristig vom Turnier ausgeschlossen und die Dänen rückten nach.
Finale: Dänemark – Deutschland 2 : 0

Oliver Bierhoff zieht ab und erzielt am 30. Juni 1996 in der 95. Spielminute sein Golden Goal.

England 1996

Beim Turnier im „Mutterland des Fußballs" erreichten die Deutschen dank Torhüter Andreas Köpke das Viertelfinale, ohne in der Gruppenphase der Endrunde ein Gegentor kassiert zu haben. Im Finale half ihnen eine neue Regel zum Titelgewinn – das „Golden Goal": In der Verlängerung sollte das erste Tor über den Sieg entscheiden. Oliver Bierhoffs erstes Golden Goal ging in die Fußballgeschichte ein und brachte den Deutschen ihren dritten EM-Sieg.
Finale: Tschechische Republik – Deutschland 1 : 2 G. G.

Belgien/Niederlande 2000

Diese EM-Ausgabe wurde ebenfalls durch Golden Goal entschieden – zum zweiten und bislang letzten Mal. Der Treffer des Franzosen David Trezeguet machte die französische Elf zum ersten Team, das als amtierender Weltmeister auch Europameister wurde. Bis dahin war der Gewinn dieser beiden Titel nacheinander nur Deutschland 1972 und 1974 in umgekehrter Reihenfolge gelungen.
Erstmals in der EM-Geschichte gab es mit Belgien und den Niederlanden zwei Gastgeberländer.
Finale: Frankreich – Italien 2 : 1 G. G.

Portugal 2004

Die deutsche Nationalmannschaft kam nicht über die Gruppenphase hinaus – und trotzdem gewann ein Deutscher: Otto Rehhagel, damals Trainer der griechischen Nationalelf, holte mit seinem Team überraschend den EM-Sieg. Mit zwei Niederlagen waren die Griechen in die Qualifikation gestartet, doch dann legten sie eine Serie von sechs Siegen hin und erreichten die Endrunde. Außenseiter Griechenland triumphierte gleich zweimal über den Gastgeber Portugal: beim Eröffnungsspiel und im Finale. Der Erfolg verschaffte Rehhagel den Spitznamen „Rehakles" – in Anlehnung an den griechischen Helden Herakles.
Finale: Portugal – Griechenland 0 : 1

Polen/Ukraine 2012

Vier Jahre zuvor hatten die Spanier bei der Europameisterschaft 2008 nach 44 Jahren endlich wieder einen internationalen Titel gewonnen, 2010 folgte der Sieg in der Weltmeisterschaft. Bei der EM 2012 setzten sie ihre Erfolgsserie fort und wiederholten ihren EM-Triumph. Spanien ist damit die erste Mannschaft, die ihren EM-Titel verteidigen konnte und drei große Turniersiege in Folge feiern durfte.
Finale: Spanien – Italien 4 : 0

Europa 2020

2020 feiert die UEFA ihr 60-jähriges Bestehen. Zum Jubiläum findet die Europameisterschaft in 12 Städten statt. Gastgeber sind: Amsterdam (Niederlande), Bilbao (Spanien), Brüssel (Belgien), Budapest (Ungarn), Bukarest (Rumänien), Dublin (Irland), Glasgow (Schottland), Kopenhagen (Dänemark), München (Deutschland), London (Vereinigtes Königreich), Rom (Italien) und Sankt Petersburg (Russland). Das Eröffnungsspiel findet am 12.06.2020 im Olympiastadion in Rom statt. Austragungsort für das Endspiel ist das Wembley-Stadion in London.

Österreich/Schweiz 2008

Bundestrainer Joachim Löw erhielt im Gruppenspiel gegen Österreich einen Platzverweis – sein österreichischer Kollege Josef Hickersberger und er hatten mit dem Vierten Offiziellen gestritten und mussten den Rest des Spiels von der Tribüne aus verfolgen. Fürs Viertelfinale gegen Portugal wurde Löw deshalb sogar gesperrt und jeder Kontakt zu seinen Spielern war ihm im Stadion bis zum Abpfiff verboten. Assistent Hans-Dieter Flick vertrat ihn an der Seitenlinie. Die Deutschen erreichten das Halbfinale und schließlich das Finale, wo sie sich den durchweg überzeugenden Spaniern geschlagen geben mussten.
Finale: Deutschland – Spanien 0 : 1

Frankreich 2016

Erstmals kämpften 24 Mannschaften um den Titel. Gastgeber Frankreich war automatisch qualifiziert – und schaffte es erfolgreich bis ins Finale. Dort musste sich das Team allerdings Portugal geschlagen geben, das den ersten großen Titel seiner Fußballgeschichte gewann. In einem dramatischen Spiel – Superstar Cristiano Ronaldo musste in der ersten Hälfte nach einer Verletzung vom Platz – erzielte der eingewechselte Stürmer Éder in der Verlängerung (109. Minute) das 1 : 0.
Finale: Portugal – Frankreich 1 : 0 n. V.

Geschafft! Bei der Europameisterschaft 2016 gewann das portugiesische Team zum ersten Mal einen wichtigen internationalen Titel.

Die Frauen-Nationalmannschaft

Trotz ihrer jungen Geschichte hat die deutsche Frauen-Nationalmannschaft bereits mit zahlreichen großen Titeln auf sich aufmerksam gemacht. Sie gehört zu den erfolgreichsten Teams der Welt.

2013 setzten sich die deutschen Frauen im EM-Finale gegen Norwegen knapp mit 1 : 0 durch. Damit konnten sie ihren achten EM-Titel – und den sechsten in Folge – feiern.

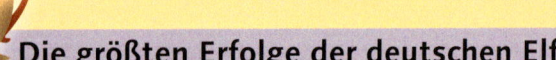

Die größten Erfolge der deutschen Elf

Zweimal Weltmeister	2003, 2007
Einmal Vize-Weltmeister	1995
Achtmal Europameister	1989, 1991, 1995, 1997, 2001, 2005, 2009, 2013
Einmal Gold bei den Olympischen Spielen	2016
Dreimal Bronze bei den Olympischen Spielen	2000, 2004, 2008
Deutschlands Mannschaft des Jahres	2003, 2009

‚Man of the Match' werde ich, glaube ich, nie werden.
Nationalspielerin Annike Krahn

Vom DFB verboten

Ab 1956 nahmen deutsche Frauen an Länderspielen teil – inoffiziell, denn der DFB hatte Frauenfußball 1955 verboten: „Aus grundsätzlichen Erwägungen und ästhetischen Gründen" war es Vereinen untersagt, Abteilungen für Frauenfußball zu gründen und Frauen Plätze für Spiele zur Verfügung zu stellen. Zahlreiche Frauen und Mädchen ließen sich dadurch nicht vom Fußballspielen abhalten. Es entstanden verschiedene Frauenfußball-Vereine, -Verbände und -Abteilungen. Die erste inoffizielle Frauenfußball-Weltmeisterschaft fand im Juli 1970 in Italien statt. Als bundesdeutsches Team traten die Frauen vom SC Bad Neuenahr an. Im Oktober 1970 hob der DFB sein Verbot endlich auf – auch um der Gründung eines eigenen übergeordneten Verbandes durch die Fußballerinnen zuvorzukommen. Zur inoffiziellen Frauenfußball-WM 1981 in Taiwan schickte der DFB die Deutschen Meisterinnen von der SSG 09 Bergisch Gladbach – und sie gewannen das Turnier. Erst 1982 wurde offiziell eine Frauen-Nationalmannschaft gegründet.

Rekordtorschützin Birgit Prinz im Jahr 2010 bei einem Länderspiel gegen Kanada. 2013 wurde sie als zweite Frau zur Ehrenspielführerin des DFB ernannt.

DDR-Frauen-Nationalmannschaft

Die Frauen-Nationalelf der DDR wurde 1989 gegründet und bestritt nur ein einziges Länderspiel: am 9. Mai 1990 gegen die Tschechoslowakei. Die Partie in Potsdam endete mit einer 0 : 3-Niederlage.

Erstes offizielles Länderspiel

Im November 1982 fand vor 5 000 Zuschauern das erste Spiel der DFB-Auswahl statt: Im Koblenzer Stadion Oberwerth kickte sie 2 x 35 Minuten gegen die Schweiz und siegte mit 5 : 1. Zwei Tore erzielte die spätere Bundestrainerin Silvia Neid.

Bettina Wiegmann

Kurz vor ihrem 18. Geburtstag stand Bettina Wiegmann zum ersten Mal für die Frauen-Nationalmannschaft auf dem Platz. Danach war die torgefährliche Spielmacherin für große Erfolge der Nationalelf mitverantwortlich. Sie war bei 154 Länderspielen dabei – überholte als erste Lothar Matthäus und seinen Länderspielrekord – und erzielte 51 Tore. Als erste Frau wurde Bettina Wiegmann, auf Vorschlag von Franz Beckenbauer, zur Ehrenspielführerin des DFB ernannt. Weiter zählt sie zur weiblichen Gründungself der *Hall of Fame* des DFB. Die *Hall of Fame* würdigt die größten Legenden des deutschen Fußballs erstmals zentral an einem Ort.

Geboren am: 7. Oktober 1971 in Euskirchen
Größe: 1,70 m
Position: Mittelfeld
Erfolge als Spielerin (Auswahl):

2003	Weltmeisterin
1995	Vize-Weltmeisterin
1991, 1995, 1997, 2001	Europameisterin
2000	Bronzemedaille bei den Olympischen Spielen
1997	Deutsche Meisterschaft und DFB-Pokal mit Grün-Weiß Brauweiler
1991, 1994	DFB-Pokal mit Grün-Weiß Brauweiler
1994	Supercup mit Grün-Weiß Brauweiler

Stationen als Trainerin:

2003 – 2007	Verbandstrainerin Mittelrhein
Seit 2007	Trainerin U15-Juniorinnen
Seit 2004	Co-Trainerin U19- und U20-Frauen

128
Länderspieltore erzielte Rekord-Kickerin Birgit Prinz – mehr als alle anderen deutschen Nationalspielerinnen und -spieler.

Bundestrainer/-innen

Seit 2018	Martina Voss-Tecklenburg
2018–2018	Horst Hrubesch
2016–2018	Steffi Jones
2005–2016	Silvia Neid
1996 – 2005	Tina Theune
1982 – 1996	Gero Bisanz

Die Frauen-Weltmeisterschaft

Nachdem die FIFA 1988 in China eine „Test-WM" durchgeführt hatte, richtete sie 1991 dort die erste offizielle Frauen-Weltmeisterschaft aus. Zwölf Länder nahmen daran teil. Seitdem findet das Turnier alle vier Jahre statt. 1991 spielten die Frauen 2 x 40 Minuten, seit 1995 gilt die gleiche Spieldauer wie bei den Männern.

Frauen-WM-Highlights

China 1991

Silvia Neid schoss das erste deutsche Tor bei einer FIFA Frauen-Weltmeisterschaft. Die deutschen Frauen scheiterten im Halbfinale an den späteren Weltmeisterinnen aus den USA.
Finale: Norwegen – USA 1 : 2

USA 1999

Erstmals traten 16 Teams in der Endrunde an. Das Interesse an der Frauen-WM war so groß wie nie zuvor – über 90 000 Zuschauer kamen allein zum Endspiel ins Stadion. Die Gastgeberinnen entschieden das Finale gegen China im Elfmeterschießen für sich.
Finale: USA – China 0 : 0 n. V., 5 : 4 i. E.

Schweden 1995

Die deutsche Nationalelf erreichte das Finale, doch am Ende triumphierten die Gegnerinnen aus Norwegen.
Finale: Deutschland – Norwegen 0 : 2

USA 2003

Die deutsche Nationalspielerin Nia Künzer beendete das Finale gegen Schweden mit einem Golden Goal – die deutschen Frauen holten ihren ersten WM-Titel. Sie wurden nach ihrer Rückkehr begeistert auf dem Frankfurter Rathausplatz, am Römer, gefeiert.
Finale: Deutschland – Schweden 2 : 1 G. G.

Nia Künzer erzielte in der 98. Minute das Golden Goal gegen Schweden.

China 2007

Das deutsche Team startete mit einem 11 : 0-Sieg gegen Argentinien ins Turnier und kickte sich bis ins Finale gegen Brasilien. Deutschland konnte als erstes Team seinen Frauen-WM-Titel verteidigen.
Finale: Deutschland – Brasilien 2 : 0

Bisherige EM-Siege

Deutschland	8
Norwegen	2
Schweden	1
Niederlande	1

4 Millionen ARD-Fernsehzuschauer sahen das Frauen-EM-Halbfinale 1989 zwischen Deutschland und Italien. Es war die erste Live-Übertragung eines Frauen-Nationalmannschaftsspiels im deutschen Fernsehen.

Siegprämie Kaffeeservice: Nach dem Gewinn des EM-Titels 1989 schenkte der DFB den deutschen Spielerinnen ein geblümtes Kaffeeservice. Es war Zweite-Wahl-Ware, also mit kleinen Produktionsfehlern. Auch Trainer Gero Bisanz bekam diese Prämie. Bei der WM 2015 hätte die Siegprämie für die Frauen bei erfolgreichem Abschneiden 65 000 Euro betragen.

Deutschland 2011

Hohe Erwartungen hatte man an die deutsche Elf bei der ersten Frauen-WM im eigenen Land. Leider war im Viertelfinale Schluss für die deutsche Frauen-Nationalmannschaft. Die neuen Weltmeisterinnen kamen aus Japan.
Finale: Japan – USA 2 : 2 n. V., 3 : 1 i. E.

Kanada 2015

Der Traum vom Finale platzte für die deutschen Spielerinnen im Halbfinale. Mit 0 : 2 mussten sie sich den späteren Weltmeisterinnen aus den USA geschlagen geben. Diese setzten sich in einem furiosen Endspiel mit 5 : 2 gegen die Japanerinnen durch und revanchierten sich damit für das verlorene WM-Finale 2011 in Frankfurt.
Finale: USA – Japan 5 : 2

Frankreich 2019

Wie 2011 verabschiedete sich die deutsche Mannschaft bereits im Viertelfinale von der WM. Das junge DFB-Team verlor das Spiel gegen Schweden mit 1:2. Titelverteidiger USA setze sich im Finale gegen die Niederlande durch und feierte den vierten WM-Titel.
Finale: USA – Niederlande 2 : 0

Bisherige WM-Siege	
USA	4
Deutschland	2
Japan	1
Norwegen	1

Die Frauen-Europameisterschaft

Die erste offizielle „Europäische Meisterschaft für Frauenfußball" der UEFA wurde zwischen 1982 und 1984 ausgetragen und von den Schwedinnen gewonnen. Bei der zweiten Ausgabe fand 1987 eine Endrunde der vier Gruppenersten in Norwegen statt. Vor heimischer Kulisse siegten die Gastgeberinnen. 1989 kamen wieder vier Teams in die Endrunde und die bundesdeutsche Elf war eines von ihnen. Im eigenen Land holte sie ihren ersten Titel. Zwei Jahre später wurde das Turnier erstmals unter dem Namen „UEFA-Europameisterschaft für Frauen" ausgetragen. Und die deutsche Frauen-Nationalelf (seit der deutschen Wiedervereinigung gab es nur noch eine Mannschaft) konnte den Titel verteidigen. 1993 feierten die Norwegerinnen ihren zweiten EM-Sieg. 1995 wurde die Spielzeit von 2 x 40 auf 2 x 45 Minuten verlängert. Das Finale fand in Kaiserslautern statt und die Deutschen gewannen erneut im eigenen Land. 1997 wurde erstmalig eine Endrunde mit acht Teams gespielt. Das Turnier wurde ab jetzt im Vier-Jahres-Rhythmus durchgeführt – und bis einschließlich 2013 siegten immer die Deutschen! Ab 2009 nahmen 12 Teams an der Endrunde teil, 2017 waren es erstmals 16.

WM-Sieger

2018	Frankreich	1978	Argentinien
2014	Deutschland	1974	Deutschland
2010	Spanien	1970	Brasilien
2006	Italien	1966	England
2002	Brasilien	1962	Brasilien
1998	Frankreich	1958	Brasilien
1994	Brasilien	1954	Deutschland
1990	Deutschland	1950	Uruguay
1986	Argentinien	1938	Italien
1982	Italien	1934	Italien

WM-Siegerinnen

2019	USA	2003	Deutschland
2015	USA	1999	USA
2011	Japan	1995	Norwegen
2007	Deutschland	1991	USA

EM-Sieger

2016	Portugal	1984	Frankreich
2012	Spanien	1980	Deutschland
2008	Spanien	1976	Tschechoslowakei
2004	Griechenland	1972	Deutschland
2000	Frankreich	1968	Italien
1996	Deutschland	1964	Spanien
1992	Dänemark	1960	Sowjetunion
1988	Niederlande		

EM-Siegerinnen

2017	Niederlande	1995	Deutschland
2013	Deutschland	1993	Norwegen
2009	Deutschland	1991	Deutschland
2005	Deutschland	1989	Deutschland
2001	Deutschland	1987	Norwegen
1997	Deutschland	1984	Schweden

WM-Torschützenkönige seit 1994

2018	Harry Kane (England)	6
2014	James Rodríguez (Kolumbien)	6
2010	Diego Forlán (Uruguay), Thomas Müller (Deutschland), Wesley Sneijder (Niederlande), David Villa (Spanien)	5
2006	Miroslav Klose (Deutschland)	5
2002	Ronaldo (Brasilien)	8
1998	Davor Suker (Kroatien)	6
1994	Oleg Salenko (Russland), Christo Stoitschkow (Bulgarien)	6

WM-Torschützenköniginnen seit 1995

2019	Megan Rapinoe (USA), Ellen White (England), Alex Morgan (USA)	6
2015	Célia Šašić (Deutschland)	6
2011	Homare Sawa (Japan)	5
2007	Marta (Brasilien)	7
2003	Birgit Prinz (Deutschland)	7
1999	Sun Wen (China), Sissi (Brasilien)	7
1995	Ann Kristin Aarønes (Norwegen)	6

EM-Torschützenkönige seit 1992

2016	Antoine Griezmann (Frankreich)	6
2012	Mario Balotelli (Italien), Alan Dsagojew (Russland), Mario Gómez (Deutschland), Mario Mandžukić (Kroatien), Cristiano Ronaldo (Portugal), Fernando Torres (Spanien)	3
2008	David Villa (Spanien)	4
2004	Milan Baroš (Tschechische Republik)	5
2000	Patrick Kluivert (Niederlande) Savo Milošević (Jugoslawien)	5
1996	Alan Shearer (England)	5
1992	Dennis Bergkamp (Niederlande), Tomas Brolin (Schweden), Karl-Heinz Riedle (Deutschland), Henrik Larsen (Dänemark)	3

EM-Torschützenköniginnen seit 1991

2017	Jodie Taylor (England)	5
2013	Lotta Schelin (Schweden)	5
2009	Inka Grings (Deutschland)	6
2005	Inka Grings (Deutschland)	4
2001	Claudia Müller (Deutschland), Sandra Smisek (Deutschland)	3
1997	Carolina Morace (Italien)	5
1995	Heidi Mohr (Deutschland)	5
1993	Susan Mackensie (Dänemark)	2
1991	Heidi Mohr (Deutschland)	7

60 Jahre EM – ein ganz besonderes Turnier

Die UEFA feiert den 60. Geburtstag der Fußballeuropameisterschaften mit einem paneuropäischen Jubiläumsturnier. Die Endrunde findet erstmals in mehreren europäischen Städten und sogar in Asien statt.

Der Weg zur EM

Da es bei der Europameisterschaft 2020 keinen einzelnen Gastgeber gibt, erhält auch kein Team ein Freilos. Alle 55 UEFA-Mitglieder nehmen in 10 Gruppen an der Qualifikationsrunde teil. Wie immer ziehen die Sieger und Zweitplatzierten aller Qualifikationsgruppen in die Endrunde des Turniers ein. Erstmalig werden zudem vier Plätze über die Play-Offs der UEFA Nations League vergeben. Diese finden im März 2020 statt. Erst wenn diese Spiele vorbei sind, werden alle 24 Teilnehmer der Endrunde feststehen, dann kann es losgehen …

Die EM 2020 auf einen Blick

Wann? 12. Juni – 12. Juli 2020

Anzahl Teilnehmer Qualifikation: 55

Anzahl Teilnehmer Endrunde: 24

Spielstätten: 12

Spiele: 51

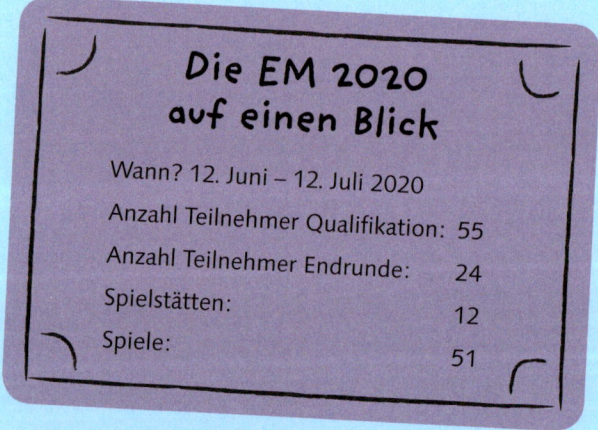

Das Maskottchen

Überlebensgroß, große braune Augen und ein Pferdeschwanz – das sind die auffälligsten Merkmale von Skillzy, dem offiziellen EM-Maskottchen. Er ist ein echter Free-Styler von der Straße und beherrscht unglaubliche Tricks mit dem runden Leder.

Die Ergebnisse der Qualifikation

Gruppe A

		TD	P
1.	England	31	21
2.	Tschechien	2	15
3.	Kosovo	-3	11
4.	Bulgarien	-11	6
5.	Montenegro	-19	3
(TD = Tordifferenz / P = Punkte)			

England löste EM-Ticket im 1000. Spiel

Mit einem furiosen 7:0 gegen Montenegro hat sich die englische Nationalmannschaft im 1000. Spiel ihrer Geschichte für die EM 2020 qualifiziert. Platz zwei stand dann ebenfalls am 9. Spieltag fest. In einem packenden Duell gegen Kosovo erkämpfte sich Tschechien mit einem knappen 2:1 das EM-Ticket. In die Playoffs im März 2020 ziehen die Mannschaften aus Kosovo und Bulgarien.

Gruppe B

		TD	P
1.	Ukraine	13	20
2.	Portugal	16	17
3.	Serbien	0	14
4.	Luxemburg	-9	4
5.	Litauen	-20	1
(TD = Tordifferenz / P = Punkte)			

Ukraine an der Spitze

Am 8. Spieltag empfing Spitzenreiter Ukraine Portugal und sicherte sich mit einem 2:1 gegen den amtierenden Europameister Platz eins der Gruppe B. Bemerkenswert in diesem Spiel: Cristiano Ronaldo schoss sein 700. Tor! Nicht nur er war mehr als erleichtert, als sich die Portugiesen dann am letzten Spieltag gegen Luxemburg Platz zwei der Gruppe B erkämpften. Serbien bleibt noch die Möglichkeit, sich über die Playoffs für die EM-Endrunde zu qualifizieren.

Gruppe C

		TD	P
1.	Deutschland	23	21
2.	Niederlande	17	19
3.	Nordirland	-4	13
4.	Weißrussland	-12	4
5.	Estland	-24	1

(TD = Tordifferenz / P = Punkte)

Deutschland auf Platz 1

Mit Deutschland und den Niederlanden kämpften zwei europäische Top-Teams um den Sieg in Gruppe C. Die Bilanz der direkten Aufeinandertreffen war ausgeglichen. Beide Mannschaften konnten ein Spiel für sich entscheiden. Erst durch den Kantererfolg am letzten Spieltag gegen Nordirland entschied die DFB-Elf das Duell um Platz eins für sich. Nordirland und Weißrussland ziehen in die Playoffs und bleiben im Spiel.

Gruppe D

		TD	P
1.	Schweiz	13	17
2.	Dänemark	17	16
3.	Irland	2	13
4.	Georgien	-4	8
5.	Gibraltar	-28	0

(TD = Tordifferenz / P = Punkte)

Knapper Gruppensieg für die Schweiz

Die Eidgenossen starteten als Favorit der Gruppe D in die Qualifikation. Auch den Dänen und Iren wurde viel zugetraut. Und so waren die vielen spannenden Spiele und das knappe Tabellenergebnis keine Überraschung. Die Schweiz sicherte sich mit nur einem Punkt Vorsprung vor Dänemark den Gruppensieg. Irland bleibt wie Georgien nur noch die Hoffnung, sich über die Playoffs für die EM-Endrunde zu qualifizieren.

Gruppe E

		TD	P
1.	Kroatien	10	17
2.	Wales	4	14
3.	Slowakei	2	13
4.	Ungarn	-3	12
5.	Aserbaidschan	-13	1

(TD = Tordifferenz / P = Punkte)

Spannend bis zuletzt!

Erst am letzten Spieltag der Qualifikation entschied sich in dieser ausgeglichenen Gruppe, wer Platz zwei hinter Kroatien einnehmen sollte. Im Dreikampf zwischen Ungarn, der Slowakei und Wales setzten sich am Ende die Waliser mit einem 2:0 Sieg gegen Ungarn durch. Wales löste damit das 20. und letzte Direktticket zur EM 2020. Die Slowakei und Ungarn ziehen in die Playoffs um die begehrten vier, noch offenen EM-Endrundenplätze.

Gruppe F

		TD	P
1.	Spanien	26	26
2.	Schweden	14	21
3.	Norwegen	8	17
4.	Rumänien	2	14
5.	Faröer	-26	3
6.	Malta	-24	3

(TD = Tordifferenz / P = Punkte)

Spanien ungeschlagen

Für den haushohen Favoriten Spanien war der Gruppensieg ein Muss. Und so ging es von Anfang um die Frage, wer sich wohl den zweiten Platz sichern würde. Schweden, Norwegen oder Rumänien? Mit einem 2:0 gegen den direkten Konkurrenten Rumänien setzte sich Schweden am vorletzten Spieltag durch. Rumänien und Norwegen hoffen nun auf eine EM-Qualifikation über die Playoffs.

Gruppe G

		TD	P
1.	Polen	13	25
2.	Österreich	10	19
3.	Nordmazedonien	-1	14
4.	Slowenien	5	14
5.	Israel	-2	11
6.	Lettland	-25	3

(TD = Tordifferenz / P = Punkte)

Polen souveräner Gruppensieger

Gleich am ersten Spieltag trafen die beiden vermeintlichen Gruppenfavoriten Österreich und Polen aufeinander. Polen schlug Österreich 1:0 und stellte damit frühzeitig die Weichen für den Gruppensieg. Wenig überraschend sicherte sich Österreich dann am 8. Spieltag das zweite EM-Ticket der Gruppe G. Die Mannschaften aus Nordmazedonien und Israel sind für die Playoffs im März 2020 qualifiziert.

Gruppe H

		TD	P
1.	Frankreich	19	25
2.	Türkei	15	23
3.	Island	3	19
4.	Albanien	2	13
5.	Andorra	-17	4
6.	Moldawien	-22	3

(TD = Tordifferenz / P = Punkte)

Klarer Favorit Frankreich

Dass sich Frankreich frühzeitig für die Endrunde der EM qualifizieren würde, war zu erwarten. Die Equipe Tricolore hat nicht nur hervorragende Einzelspieler wie Griezmann und Mbappé im Kader, sondern gilt aktuell als eines der stärksten Teams der Welt. Den Fight um Platz zwei lieferten sich die Türkei und Island. Am Ende mussten sich die Insulaner geschlagen geben, wahren sich aber die Chance der EM-Qualifikation über die Playoffs.

Gruppe I

		TD	P
1.	Belgien	37	30
2.	Russland	25	24
3.	Schottland	-3	15
4.	Zypern	-5	10
5.	Kasachstan	-4	10
6.	San Marino	-50	0

(TD = Tordifferenz / P = Punkte)

Belgien dominierte unangefochten

WM-Dritter Belgien gewann überlegen die Qualifikation der Gruppe I. Von Beginn an führten sie die
Tabelle an und standen bereits nach dem 7. Spieltag
als erster Qualifikant der EM 2020 fest. Ihre Bilanz
makellos: 10 Spiele, 10 Siege. Auch Russland zog
überzeugend mit 24 Punkten in die EM-Endrunde
ein. Schottland bleibt noch die Möglichkeit sich über
die Playoffs ein EM-Ticket zu erspielen.

Gruppe J

		TD	P
1.	Italien	33	30
2.	Finnland	6	18
3.	Griechenland	-2	14
4.	Bosnien-Herzegowina	3	13
5.	Armenien	-11	10
6.	Liechtenstein	-29	2

(TD = Tordifferenz / P = Punkte)

Chance auf Wiedergutmachung für Italien

Keine Mannschaft der Gruppe J nahm an der
WM-Endrunde 2018 in Russland teil. Besonders für
Favorit Italien war somit die Qualifikation für die
EM 2020 ein Muss. Die Quadra Azzurra löste dann
auch bereits am 7. Spieltag frühzeitig ihr EM-Ticket
mit einem 2:0 Sieg gegen Griechenland. Als Zweit-
platzierter der Gruppe J zog Finnland direkt in den
Endrundenlostopf ein. Bosnien-Herzegowina hofft
auf eine EM-Qualifikation über die Playoffs.

Europaweit wird gekickt!

12 Städte konnten mit ihren Bewerbungen überzeugen und wurden von der UEFA als Austragungsorte der EM 2020 ausgewählt. Diese Spielstätten liegen über den ganzen Kontinent verteilt und eine sogar in Asien.

2020 wird keine EM der kurzen Wege: Ca. 5.200 Kilometer liegen zwischen dem westlichsten Austragungsort Dublin und dem östlichsten Stadion in Baku. Damit der Reiseaufwand überschaubar bleibt, werden die sechs Gruppenspiele einer Gruppe jeweils in nur zwei Stadien ausgetragen. Die Gruppenauslosung findet im Dezember 2019 statt. Dabei werden die vier Endrundenteilnehmer, die sich erst im März 2020 über die UEFA Nations League qualifizieren, den sechs Gruppen zunächst als Platzhalter zugelost.

Glasgow
Gruppe D

Amsterdam
Gruppe C

Kopenhagen
Gruppe B

Dublin
Gruppe E

München
Gruppe F

London
Gruppe D

Budapest
Gruppe F

Bilbao
Gruppe E

Rom
Gruppe A

EM 2024

Deutschland ist Gastgeber der 17. Fußball-Europameisterschaft.

Eine EM in 12 Städten

54 nationale Fußballverbände waren 2013 Mitglied der UEFA. Sie alle wurden aufgefordert, ihre Bewerbungen für bis zu zwei EM-Spielorte einzureichen. Am Ende des Verfahrens lagen dem UEFA-Exekutivkomitee 19 Bewerbungen vor.

Am 19. September 2014 benannten die Verantwortlichen zunächst 13 Austragungsorte der EM 2020. Im Dezember 2017 wurde Brüssel nachträglich als Spielort gestrichen, da nicht sichergestellt werden konnte, dass das sich im Bau befindliche, neue Stadion bis zum Start der EM fertig sein würde. Die vier in Brüssel geplanten Spiele wurden zusätzlich zu den Halbfinals und dem Finale an London vergeben.

Die ehemaligen Nationalspieler Celia Sasic und Philipp Lahm posieren im Juni 2019 in Mainz als Repräsentanten des DFB für die Euro 2020.

St. Petersburg
Gruppe B

Bukarest
Gruppe C

Baku

Gruppe A
Baku liegt in Aserbaidschan am kaspischen Meer. Aus geografischer Sicht gehört das Land nicht zu Europa. Da der aserbaidschanische Fußballverband jedoch Mitglied der UEFA ist, war die Bewerbung als Austragungsort für die EM 2020 möglich. Am 29. Mai 2019 wurde im Nationalstadion Baku bereits das Europa-League-Finale ausgetragen.

Bilbao – Mittelpunkt des Baskenlands

Land: Spanien
Einwohner: 345 800
Stadtverein: Athletic Bilbao
EM-Stadion: Estadio de San Mamés
Kapazität: 50 000 Plätze

In Bilbao finden drei Spiele der Gruppe E sowie ein Achtelfinale statt.

Spanien präsentiert sich bei der EM 2020 nicht etwa mit Madrid und seinem weltbekannten Bernabeu-Stadion, sondern der lebendigen Küstenstadt Bilbao. Die von grünen Bergen umgebene Industrie- und Hafenstadt ist die Heimat des spanischen Traditionsvereins Athletic Bilbao, in dem ausschließlich baskische Spieler unter Vertrag stehen. Bilbaos Fußballtempel, das *Estadio de San Mamés*, wurde 2013 eröffnet und ersetzt seither seinen gleichnamigen Vorgänger, in dem drei Gruppenspiele der FIFA-Weltmeisterschaft 1982 stattfanden. Das Finale wurde damals aber im Bernabeu ausgetragen. Italien setze sich mit 3:1 deutlich gegen Deutschland durch.

Budapest – Fußball trifft Wissenschaft

Land: Ungarn
Einwohner: 1 752 000
Stadtvereine: Ferencváros Budapest, Újpest Budapest, MTK Budapest FC
EM-Stadion: Neues Nationalstadion
Kapazität: 65 000 Plätze

In Budapest finden drei Spiele der Gruppe F sowie ein Achtelfinale statt.

Wo wurde der Kugelschreiber erfunden? Genau, in der ungarischen Hauptstadt Budapest! Die an der Donau gelegene Metropole ist Heimat von Wissenschaft und Fußball gleichermaßen. Schon seit jeher lieben die Ungarn das Spiel mit dem runden Leder. Kein Wunder also, dass die ungarische Nationalmannschaft von 1954 als eines der besten Teams aller Zeiten gilt. Damit das fußballbegeisterte Ungarn bei der EM 2020 Gastgeber sein konnte, musste ein neues Stadion gebaut werden – das in die Jahre gekommene Ferenc-Puskás-Stadion genügte den Ansprüchen nicht.

Bukarest – Millionenstadt in der Walachei

Die Hauptstadt Rumäniens ist die achtgrößte Stadt der europäischen Union und blickt auf eine bewegte Geschichte zurück. Bukarest wird wegen seiner beeindruckenden Architektur der Innenstadt als Paris des Ostens bezeichnet. Das EM-Stadion, die 2011 eröffnete *Arena Națională*, liegt zentral im Stadtgebiet. 2012 war sie Austragungsort des Finales der UEFA Europa League, als sich Atlético Madrid 3:0 gegen Athletic Bilbao durchsetzte. Für die EM 2020 wurde die Kapazität der Arena auf 65 000 erhöht. Wie bei der Frankfurter Commerzbank-Arena kann ein faltbares Zeltdach ausgefahren werden – und das in nur 15 Minuten!

Land: Rumänien
Einwohner: 1 836 000
Stadtvereine: Dinamo Bukarest, Steaua Bukarest,
EM-Stadion: Arena Națională
Kapazität: 55 600, zur EM 65 000 Plätze

In Bukarest finden drei Spiele der Gruppe C sowie ein Achtelfinale statt.

Glasgow – schottische Metropole

In der größten Stadt des fußballverrückten Schottlands fand 1872 das erste Fußballländerspiel aller Zeiten statt. Mit einem torlosen 0:0 trennten sich damals Schottland und England. Glasgows Hampden Park war von 1908 bis 1950 das größte Stadion der Welt. Unglaubliche 149 415 Zuschauer verfolgten 1937 das erneute Aufeinandertreffen der Landesnachbarn, welches die Schotten mit 3:1 für sich entschieden. Der ehrwürdige Hampden Park ist Heimat des schottischen Fußballverbands und seit 1992 ein reines Sitzplatzstadion. Die Erzrivalen Celtic und Rangers haben ihre eigenen Stadien und treffen im „Old Firm" genannten Stadtderby regelmäßig aufeinander.

Land: Schottland
Einwohner: 626 000
Stadtvereine: Celtic Glasgow, Glasgow Rangers
EM-Stadion: Hampden Park
Kapazität: 51 886

In Glasgow finden drei Spiele der Gruppe D sowie ein Achtelfinale statt.

Amsterdam – Die Welthauptstadt des Fahrrads

Land: Niederlande
Einwohner: 864 000
Stadtverein: Ajax Amsterdam
EM-Stadion: Johan Cruyff ArenA
Kapazität: 54 990

Die Hauptstadt des Königreichs der Niederlande ist in vielen Belangen ganz besonders. Weltweit bekannt als die fahrradfreundlichste Stadt zählt Amsterdam mit geschätzten 880 000 mehr Drahtesel als Einwohner. Quer durch Amsterdam zieht sich ein Netz aus ca. 160 schiffbaren Kanälen, den sogenannten Grachten. Das sind ca. doppelt so viele Wasserwege wie in Venedig!

Die *Amsterdam ArenA* wurde am 14. August 1996 von Königin Beatrix feierlich eröffnet. Die Besonderheit damals: Es war Europas erstes Stadion mit einem Schiebedach. 2018 erfolgte die Umbenennung der Spielstätte zu Ehren des ehemaligen Ajax-Spielers und -Trainers in *Johan Cruyff ArenA*. Um den Standards der UEFA gerecht zu werden, wurde die Arena zur EURO 2020 umfangreich renoviert.

In Amsterdam finden drei Spiele der Gruppe C sowie ein Achtelfinale statt.

Mit 34 Meistertiteln ist Ajax Amsterdam niederländischer Rekordmeister. Seit Gründung der obersten niederländischen Liga (Eredivisie) im Jahr 1956 spielt der Verein erstklassig. 2019 holte Ajax das Double aus niederländischer Meisterschaft und KNVB-Pokal. Die Jugendarbeit des Vereins gilt seit vielen Jahren als vorbildhaft und eine der besten der Welt. Große Spieler wie Wesley Sneijder, Johan Cruyff und Edwin van der Sar entstammen der bekannten Talentschmiede. Kein Wunder also, dass die europäischen Topvereine gerne bei Ajax einkaufen.

Baku – Zwischen Orient und Europa

Baku ist die Hauptstadt von Aserbaidschan, das mit der Auflösung der Sowjetunion 1991 seine Unabhängigkeit erlangte. Die Metropole am Kaspischen Meer hält gleich zwei Superlative: Sie ist die östlichste Hauptstadt Fußball-Europas und mit einer Lage von 28 Metern unter dem Meeresspiegel zugleich die tiefstgelegene der Welt.

Das Baku Nationalstadion wurde im Februar 2015 fertiggestellt und bietet knapp 70 000 Zuschauern Platz. Bis zum Ende des Baus flossen rekordverdächtige 710 Millionen US-Dollar in die Arena. Der Grund: Da das Stadion auf auf einem ehemaligen Ölfeld liegt, mussten zunächst 1,2 Millionen Kubikmeter Abwasser und Ölreste entsorgt werden.

Land: Aserbaidschan
Einwohner: 2 236 000
Stadtvereine: Neftçi Baku, Keşhla FK, Zira FK
EM-Stadion: Baku Nationalstadion
Kapazität: 69 870

In Baku finden drei Spiele der Gruppe A sowie ein Viertelfinale statt.

Obwohl das Land geografisch in Asien liegt, ist der aserbaidschanische Fußballverband Mitglied der UEFA. Somit nimmt die Nationalmannschaft an allen europäischen Wettbewerben teil. Fußball ist die populärste Sportart in Aserbaidschan. Der jungen, 1992 gegründeten aserbaidschanischen ersten Liga gehören derzeit acht Mannschaften an. Darunter auch der seit 1937 bestehende Traditionsverein Neftçi Baku sowie die noch jungen Mannschaften Zira FK (2014) und Keshla FK (1997). Rekordmeister ist mit acht Titeln Neftçi Baku. Die aserbaidschanische Fußballnationalmannschaft trägt seit 1994 offizielle Länderspiele aus. Bisher konnte sich das Team weder für eine WM- noch für eine EM-Endrundenteilnahme qualifizieren.

Dublin – Fußball-Herz Irlands

Land: Irland
Einwohner: 553 165
Stadtvereine: Bohemians Dublin, Shamrock Rovers, St. Patrick's Athletic, University College Dublin AFC
EM-Stadion: Aviva Stadium
Kapazität: 51 700

Dublin ist nicht nur die Hauptstadt der Republik Irland, sondern auch des irischen Fußballs. Gleich vier der zehn Vereine der irischen Premier Division sind hier zu Hause. Die Bewohner der grünen Insel feiern jedes Jahr am 17. März den weltbekannten St. Patricks Day. Die größte Parade zieht durch die Straßen Dublins. Auch das Halloween-Fest hat seinen Ursprung in Irland.

Bei der EM finden die Spiele im modernen Aviva Stadium statt, der Heimstätte der irischen Nationalmannschaft. Auch das irische Rugby-Team trägt seine Spiele dort aus. Als erstes irisches Stadion entspricht es der UEFA-Klassifikation 4 und zählt damit zu den modernsten und am besten ausgestatteten Stadien Europas. In Hufeisenform angelegt befindet sich die Arena gut erreichbar mitten in der Stadt.

In Dublin finden drei Spiele der Gruppe E sowie ein Achtelfinale statt.

Obwohl Gaelic Football und Hurling die beliebtesten Zuschauer-Sportarten der Inselbewohner sind, gelten die irischen Fans als extrem fußballverrückt. Mit ihrer Begeisterung und ihren Gesängen sorgen sie regelmäßig für eine einzigartige Stimmung in den Stadien. Die Dubliner Shamrock Rovers sind eine der vier Dubliner Erstligisten. Sie sind sowohl Rekordmeister der Premier Division als auch Rekordpokalsieger der Republik Irland. Lokalrivale Bohemians Dublin gehört zu den ältesten Fußballclubs der Republik. Der bereits 1890 gegründete Verein ist als einziger der ersten irischen Liga nach wie vor ausschließlich in Händen seiner Mitglieder.

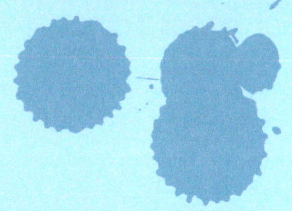

Kopenhagen – Die wohl glücklichste Stadt der Welt

In der Hauptstadt Dänemarks sollen die glücklichsten Menschen der Welt leben. Die an der Ostsee gelegene Hafenstadt ist Regierungssitz des Landes und Heimat des dänischen Königshauses zugleich. Das Stadtgebiet von Kopenhagen verteilt sich über mehrere Inseln und bietet mit seinen vielen Parks und Stränden die Möglichkeit, sich in der City bestens zu erholen.

Das Telia Parken ist das größte Stadion Dänemarks und verfügt über ein faltbares Textildach, das 2001 für die Austragung des Eurovision Song Contest aufgesetzt wurde. Als Heimstätte wird es von der dänischen Fußballnationalmannschaft und dem Erstligisten FC Kopenhagen genutzt.

Land: Dänemark
Einwohner: 623 404
Stadtvereine: FC Kopenhagen, Brøndby IF, FC Nordsjælland, Lyngby BK
EM-Stadion: Telia Parken
Kapazität: 38 065

In Kopenhagen finden drei Spiele der Gruppe B sowie ein Achtelfinale statt.

Zweimal je Saison treffen in der dänischen Superliga die Stadtrivalen FC Kopenhagen und Brøndby IF beim sogenannten „New Firm" aufeinander. Der Name ist eine Ableitung des traditionsreichen „Old Firm" zwischen den schottischen Erzrivalen Glasgow Rangers und Celtic Glasgow. Der FC Kopenhagen und Brøndby IF sind die erfolgreichsten Klubs Dänemarks. Seit 2009 gilt der FC als unangefochtener Rekordmeister. Seit Ablösung der 1. Division 1991 durch die Superliga als höchste Spielklasse konnten die Weiß-Blauen 13-mal die Meisterschaft feiern und nehmen somit regelmäßig an den europäischen Wettbewerben Teil. Einen Titel konnten sie hierbei jedoch noch nicht holen. Doch es gibt noch weitere Derbys in der Hauptstadt: Auch die Kopenhagener Vorstadtvereine Nordsjælland und Lyngby spielen erstklassig.

London – Fußballtempel an der Themse

Land: Großbritannien
Einwohner: 8 787 892
Stadtvereine: FC Chelsea, FC Arsenal, Tottenham u. v. m.
EM-Stadion: Wembley-Stadion
Kapazität: 90 000

London ist die drittgrößte Stadt des europäischen Kontinents, die Hauptstadt Englands und des Vereinigten Königreichs. Der Touristenmagnet an der Themse hat neben Fußball viele weltbekannte Sehenswürdigkeiten zu bieten: die Tower Bridge, den Big Ben oder Madame Tussauds Wachsfigurenkabinett, um nur einige zu nennen.

Das 1923 erbaute, ursprüngliche Wembley-Stadion gilt als wahrer Tempel der Fußballgeschichte. In diesem Rund fiel 1966 (oder fiel es gar nicht?) das legendäre Wembley-Tor im WM-Endspiel zwischen England und Deutschland. Nach seinem Abriss entstand am selben Ort das neue Wembley. Europas zweitgrößtes Stadion wurde 2007 eingeweiht und ist inoffiziell der Hauptspielort der EM 2020. Drei Gruppenspiele, ein Achtelfinale, zwei Halbfinals sowie das Finale am 12. Juli finden hier statt.

In London finden drei Spiele der Gruppe D, ein Achtelfinale, die beiden Halbfinals sowie das Finale statt.

In England steht die Wiege des Fußballs und in London schlägt das Herz dieser großen Fußballnation, denn London war und ist an der Entwicklung des englischen Volkssports maßgeblich beteiligt. Aktuell spielen sechs Hauptstadtvereine in der englischen Premier League. Die englischen Rekordmeister kommen allerdings nicht aus London. Mit 20 bisher gewonnenen Meisterschaften führt Manchester United das Feld knapp vor dem FC Liverpool an, der wiederum 2019 in einem rein englischen Finale gegen Tottenham Hotspur den Champions League-Titel holte. Der deutsche Trainer Jürgen Klopp ging mit diesem Coup in die Fußballgeschichte der Liverpooler ein.

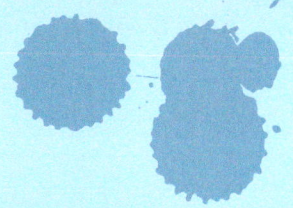

München – Tradition trifft Fußball

München ist nach Berlin und Hamburg die drittgrößte Stadt Deutschlands. International bekannt ist die bayerische Metropole vor allem für das traditionelle Oktoberfest und den FC Bayern München. Durch die umliegenden Berge und Seen zählt München zu den Städten mit besonders hoher Lebensqualität.

Jahrzehntelang galt das Olympiastadion als fußballerisches Wahrzeichen Münchens. Seit ihrer Eröffnung 2005 nimmt die Allianz Arena diesen Platz ein. Die Heimstätte des FC Bayern München beeindruckt mit ihrer aus Folienkissen verkleideten Fassade. Diese kann mit 300.000 LED-Lichtern in 16 Millionen unterschiedlichen Farben beleuchtet werden!

In München finden drei Spiele der Gruppe F sowie ein Viertelfinale statt.

Land: Deutschland
Einwohner: 1 539 298
Stadtverein: FC Bayern München
EM-Stadion: Allianz Arena
Kapazität: 69 344

Mit rund 291 000 Mitgliedern ist der FC Bayern München der mitgliederstärkste Sportverein der Welt. Zahlreiche Erfolge konnten die Bajuwaren bisher feiern: 29 Meisterschaften, 19 DFB-Pokalsiege und 5 Champions League-Titel, um die wichtigsten zu nennen. Durch die nationale Überlegenheit ihres Rekordmeisters kann München als Fußballhauptstadt Deutschlands bezeichnet werden. In der Hall of Fame des Vereins finden sich zahlreiche Namen weltbekannter Spieler wie Franz Beckenbauer, Oliver Kahn und Lothar Matthäus. Seit dem Abstieg von 1860 München im Jahr 2004 gab es in den letzten Jahren nur noch wenige Münchener Derbys. Den Platz des Erzrivalen hat mittlerweile der Dortmunder BVB eingenommen.

Rom – Italienisches Weltkulturerbe

Land: Italien
Einwohner: 2 872 800
Stadtvereine: AS Rom, Lazio Rom
EM-Stadion: Olympiastadion Rom
Kapazität: 72 698

Die Hauptstadt Italiens ist wohl der geschichtsträchtigste und ältaste Spielort dieser Europameisterschaft. Rom wurde einer Legende nach bereits 753 vor Christus gegründet und zählt seit 1980 mit seinem historischen Zentrum inklusive des knapp 2 000 Jahre alten Kolosseums und der Vatikanstadt zum UNESCO-Weltkulturerbe. Eine würdige Kulisse für das Eröffnungsspiel der EM 2020!

Das Olympiastadion in Rom hat schon viele Fußballkrimis gesehen. Die Endspiele der Europameisterschaft 1980 sowie der Weltmeisterschaft 1990 fanden beispielsweise hier statt. Beide Spiele konnte die deutsche Nationalmannschaft für sich entscheiden. Weiter haben die zwei erstklassigen Haupstadtvereine Lazio und AS bisher ihre Heimstätte im Olympiastadion. Das soll sich in absehbarer Zeit jedoch ändern. Der AS Rom plant ein eigenes Stadion, das Stadio della Roma.

In Rom finden drei Spiele der Gruppe A, darunter das Eröffnungsspiel, sowie ein Viertelfinale statt.

Wenn die Erzrivalen AS und Lazio beim Hauptstadt-Derby, dem sogenannten „Derby della Capitale" aufeinandertreffen, flirrt die Luft in Rom. Durch die ausgeprägte Fan-Rivalität der beiden römischen Vereine haben die Spiele eine ganz besondere Brisanz. Dabei ist die Anzahl der bisher gewonnenen Titel der beiden Mannschaften sehr ausgewogen und nicht gerade rekordverdächtig. Die erfolgreichsten Teams der Seria A, der höchsten Spielklasse Italiens, kommen aus Turin und Mailand. Mit 35 gewonnenen Meisterschaften führt Juventus Turin die Liste unangefochten an. Seit 2012 hieß der italienische Meister jedes Jahr Juve!

St. Petersburg – Venedig des Nordens

Die nördlichste Millionenstadt der Welt ist zugleich die zweitgrößte Stadt Russlands und die viertgrößte von Europa. St. Petersburgs historische Innenstadt zählt seit 1991 mit ihren rund 2 300 Palästen, Prunk-bauten und Schlössern zum Weltkulturerbe der UNESCO und gilt wegen ihrer vielen Kanäle und Brücken als Venedig des Nordens.

Das Krestowski-Stadion, im Spielbetrieb der Premjer Liga besser bekannt als Gazprom-Arena, ist die Heimat des russischen Erstligisten Zenit St. Petersburg. Bereits 2007 begannen die Bauarbeiten des Stadions, die sich jedoch wegen großer Schwierigkeiten mit dem feuchten weichen Baugrund enorm hinaus-zögerten. Erst 2017 konnte das Stadion eröffnet werden.

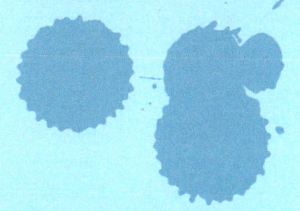

Land: Russland
Einwohner: 5 351 935
Stadtverein: Zenit St. Petersburg
EM-Stadion: Krestowski-Stadion
Kapazität: 68 134

In St. Petersburg finden drei Spiele der Gruppe B sowie ein Viertelfinale statt.

Große Fußballerfolge wurden und werden in Russland hauptsächlich in seiner Haupt-stadt geschrieben. Lokomotive, ZSKA und Spartak holten 19 der 27 seit 1992 ausge-tragenen Meisterschaften nach Moskau. Zenit St. Petersburg bildet die große Ausnahme und mischt mittlerweile ordent-lich in der ersten russischen Liga mit. Durch den fünfmaligen Gewinn der russischen Meisterschaft (2007, 2010, 2012, 2015, 2019) und dem dreimaligen Sieg beim russischen Supercup (1999, 2010, 2016) haben sie die Moskauer Überlegenheit durchbrochen. 2008 konnten die Blauen auch international glänzen und den UEFA-Pokal sowie den UEFA-Supercup nach St. Petersburg holen.

Was war da los?

Wissenswertes und Skurriles aus der Qualifikation:

Italiens "Oldie" schreibt Geschichte

Fabio Quagliarella schoss sich mit einem Doppelpack am 26. März 2019 beim EM-Qualifikationsspiel gegen Liechtenstein in die Geschichtsbücher der Squadra Azzurra. Mit 36 Jahren und 54 Tagen übernahm er die Position des ältesten Torschützen der italienischen Nationalmannschaft. Das Spiel endete 6:0 für Italien.

Peinliche Verwechslung im Doppelpack

Es passierte am 7. September 2019 beim Qualifikationsspiel Frankreich gegen Albanien. Im Pariser *Stade de France* erklang fälschlicherweise die Nationalhymne von Andorra. Die albanischen Fans protestierten lautstark. Die falsche Hymne wurde dennoch bis zum Ende abgespielt, bevor die richtige ertönte. Damit allerdings nicht genug! Gut gemeint entschuldigte sich der Stadionsprecher bei den Gästen und forderte die französischen Fans auf, die Nationalhymne von Armenien zu respektieren. Staatspräsident Emmanuel Macron entschuldigte sich im Nachgang persönlich bei Albaniens Ministerpräsidenten Edi Rama für den peinlichen Fauxpas.

Spektakuläre Schlussphase

Beim Aufeinandertreffen der Schweiz und Norwegens am 26. März 2019 ging nach Abpfiff trotz eines Unentschiedens eine Mannschaft, zumindest als gefühlter Sieger, vom Platz. Bis zur 84. Minute führten die Eidgenossen mit einem komfortablen 3:0 im heimischen St.-Jakob-Park in Basel. Dann drehte Norwegen noch mal ordentlich auf und schoss in nur zehn Minuten drei Tore zum 3:3 Endstand.

Nach dem Spiel ist vor der Kabine

Was trieb der Manchester United-Star und serbische Nationalspieler Nemanja Matic am 7. September 2019 nach dem Qualifikationsspiel gegen Portugal vor der gegnerischen Kabine? Er wartete mit seinen beiden Söhnen auf Cristiano Ronaldo! Die beiden sind große Fans des portugiesischen Fußballstars. Ronaldo kam, freute sich und posierte für ein Foto mit den Jungs. Ein Star zum Anfassen!

Hector oder Hecktor?

Am 11. November wurden die neuen DFB-Trikots für die EM 2020 vorgestellt. Der ein oder andere Fußballfan wunderte sich beim Besuch des adidas Onlineshops: Die Namen für die Trikotbeflockung zweier Nationalspieler wurden vom Ausstatter etwas frei interpretiert. Aus Hector wurde Hecktor, aus Waldschmidt Waltschmidt. Adidas korrigierte die Panne und entschuldigte sich bei Fans und Spielern.

Stars und Legenden

Eine Auswahl der Besten

Der Fußballsport hat seit seiner Verbreitung in der Welt zahlreiche große Talente hervorgebracht – und neue kommen nach. Darum wird eine Liste der Besten nie vollständig sein. Die hier aufgeführten Spieler haben haufenweise Erfolge und Auszeichnungen gesammelt, von denen nur die wichtigsten aufgezählt werden können.

Michelle Akers

Ihren großen internationalen Durchbruch hatte Akers bei der Frauen-WM 1991 in China. Mit zehn Treffern war sie maßgeblich am Titelgewinn der USA beteiligt. In ihrer aktiven Zeit galt sie als beste Spielerin der Welt und war die erste US-amerikanische Kickerin, der ein Schuhhersteller einen Werbevertrag anbot.
Geboren am: 1. Februar 1966 in Santa Clara, Kalifornien, USA
Position: Mittelfeld
Vereine:
1984–1989 University of Central Florida; 1990, 1992, 1994 Tyresö FF; 1993 Orlando Calibre Soccer Club
Nationalmannschaft: 153 Länderspiele für die USA
Erfolge/Auszeichnungen (Auswahl):
1991, 1999 Weltmeisterin; 1996 Olympiasiegerin; 1998 FIFA Order of Merit (höchste FIFA-Auszeichnung); 2000 Wahl zur FIFA-Spielerin des Jahrhunderts

Gordon Banks leistete der englischen Nationalelf große Dienste und holte mit ihr im berühmten Wembley-Finale gegen Deutschland 1966 den WM-Titel. Vom Internationalen Verband für Fußballgeschichte und Statistik (IFFHS) wurde er nach Lew Jaschin zum zweitbesten Torhüter des 20. Jahrhunderts gewählt.

Roberto Baggio

Baggio war 1990 der teuerste Spieler der Welt: Er wechselte für ca. 15 Milliarden Lire (rund 7,8 Millionen Euro) vom AC Florenz zu Juventus Turin. Weil er einen Haarzopf trug und so gut spielte, wurde der Italiener „Divin Codino" – „göttliches Zöpfchen" – genannt. Sein letzter Verein (Brescia Calcio) beschloss, Baggios Rückennummer, die 10, nach Beendigung seiner Fußballerkarriere nicht wieder zu vergeben.
Geboren am: 18. Februar 1967 in Caldogno, Italien
Position: Angriff (Mittelfeld, Sturm)
Vereine:
1982–1985 Lanerossi Vicenza; 1985–1990 AC Florenz; 1990–1995 Juventus Turin; 1995–1997 AC Mailand; 1997–1998 FC Bologna; 1998–2000 Inter Mailand; 2000–2004 Brescia Calcio
Nationalmannschaft: 56 Länderspiele für Italien
Erfolge/Auszeichnungen (Auswahl):
1994 Vize-Weltmeister; 1993 UEFA-Pokal-Sieger; 1995, 1996 Italienischer Meister; 1995 Italienischer Pokalsieger; 1993 Europas Fußballer des Jahres und Weltfußballer des Jahres

Gordon Banks

Er spielte nie bei einem der Spitzenklubs und trotzdem zählt er zu den besten Torhütern der Geschichte. „Banks of England" nannte man ihn, weil er so sicher war wie die Bank von England.
Geboren am: 30. Dezember 1937 in Sheffield, England
Gestorben am: 12. Februar 2019 in Stoke-on-Trent, England
Position: Torwart
Vereine:
1955–1959 FC Chesterfield; 1959–1967 Leicester City; 1967–1972 Stoke City; 1977 St. Patrick's Athletic; 1977–1978 Fort Lauderdale Strikers
Nationalmannschaft: 73 Länderspiele für England
Erfolge/Auszeichnungen (Auswahl):
1966 Weltmeister; 1964, 1972 Englischer Pokalsieger; 1972 Englands Fußballer des Jahres; 1970 Ernennung zum „Officer of the British Empire"

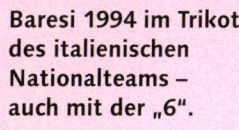

Franco Baresi

Die Rückennummer „6" gehört allein Baresi – nach dem Ende seiner Karriere auf dem Platz hat sein einziger Klub, der AC Mailand, sie nicht mehr neu vergeben. Die von Baresi organisierte Abwehr trug entscheidend zu den Vereinserfolgen bei. Er verstand es außerdem, das Spiel mitzugestalten, und gilt darum als einer der besten Liberos der Welt.

Geboren am: 8. Mai 1960 in Travagliato, Italien
Position: Verteidiger, Libero
Verein:
1977–1997 AC Mailand
Nationalmannschaft: 81 Länderspiele für Italien
Erfolge/Auszeichnungen (Auswahl):
1982 Weltmeister; 1989, 1990 Weltpokalsieger; 1989, 1990, 1994 Europapokal der Landesmeister/ Champions-League-Sieger; 6 x Italienischer Meister; 1990 Italiens Fußballer des Jahres

Baresi 1994 im Trikot des italienischen Nationalteams – auch mit der „6".

Franz Beckenbauer

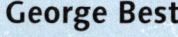

Als 13-Jähriger bekam Franz Becken-bauer von einem Spieler des TSV 1860 München eine Ohrfeige verpasst. Daraufhin entschied er sich, lieber für den FC Bayern zu spielen, anstatt wie geplant zu den Sechzigern zu wechseln. „Für den deutschen Fußball war und ist er das pure Glück. Nie hat es einen Besseren gegeben. Nie wird es einen Besseren geben", schrieb Günter Netzer zum 65. Geburtstag von Beckenbauer.

Geboren am: 11. September 1945 in München, Deutschland
Position: Verteidiger (Libero, Spielmacher)
Vereine:
1958–1977 FC Bayern Mün-chen; 1977–1980 Cosmos New York; 1980–1982 Hamburger SV; 1983 Cosmos New York
Nationalmannschaft: 103 Län-derspiele für Deutschland
Erfolge/Auszeichnungen (Auswahl):
1972 Europameister; 1974 Weltmeister; 1974, 1975, 1976 Europapokal der Landesmeister; 1967 Europapokal der Pokalsie-ger; 1976 Weltpokalsieger; 5 x Deutscher Meister, 4 x DFB-Pokalsieger, 3 x US-Meister; Deutschlands Fußballer des Jahrhunderts; Jahrhundert-Verdienstorden der FIFA; Ehren-spielführer des DFB – und viele Auszeichnungen mehr!

George Best

Auf dem Platz beeindruckte er durch seine Schnelligkeit und sein überragendes Dribb-ling. Privat hatte er zahlreiche Probleme. „Ich habe viel von meinem Geld für Alkohol, Weiber und schnelle Autos aus-gegeben. Den Rest habe ich verprasst", sagte er einmal. Er gilt als erster Popstar des Fußballs und wurde wegen seiner langen Haare auch als „fünfter Beatle" bezeichnet. Als Best starb, sagte der damalige britische Premierminister Tony Blair: „George Best war einer der größten Fußballer, die Großbritannien jemals hervorgebracht hat." Zu seiner Beerdigung kamen Hunderttausende.

Geboren am: 22. Mai 1946 in Cregagh, Belfast, Nordirland
Gestorben am: 25. November 2005 in London, England
Position: Mittelfeld
Vereine:
1961–1974 Manchester United; danach zahlreiche Vereinswechsel
Nationalmannschaft: 37 Länderspiele für Nordirland
Erfolge/Auszeichnungen (Auswahl):
1965, 1967 Englischer Meister; 1968 Europapokal der Landesmeister; 1968 Englands und Europas Fußballer des Jahres; 2006 wurde der „City Airport" von Belfast in „George Best Belfast City Airport" umbenannt.

Nicht nur als Spieler war „Kaiser Franz" erfolgreich, sondern auch als Trainer – zum Beispiel als Teamchef der deutschen Natio-nalelf, mit der er 1990 den Weltmeistertitel feiern konnte. Als Funktionär holte er die WM 2006 nach Deutschland.

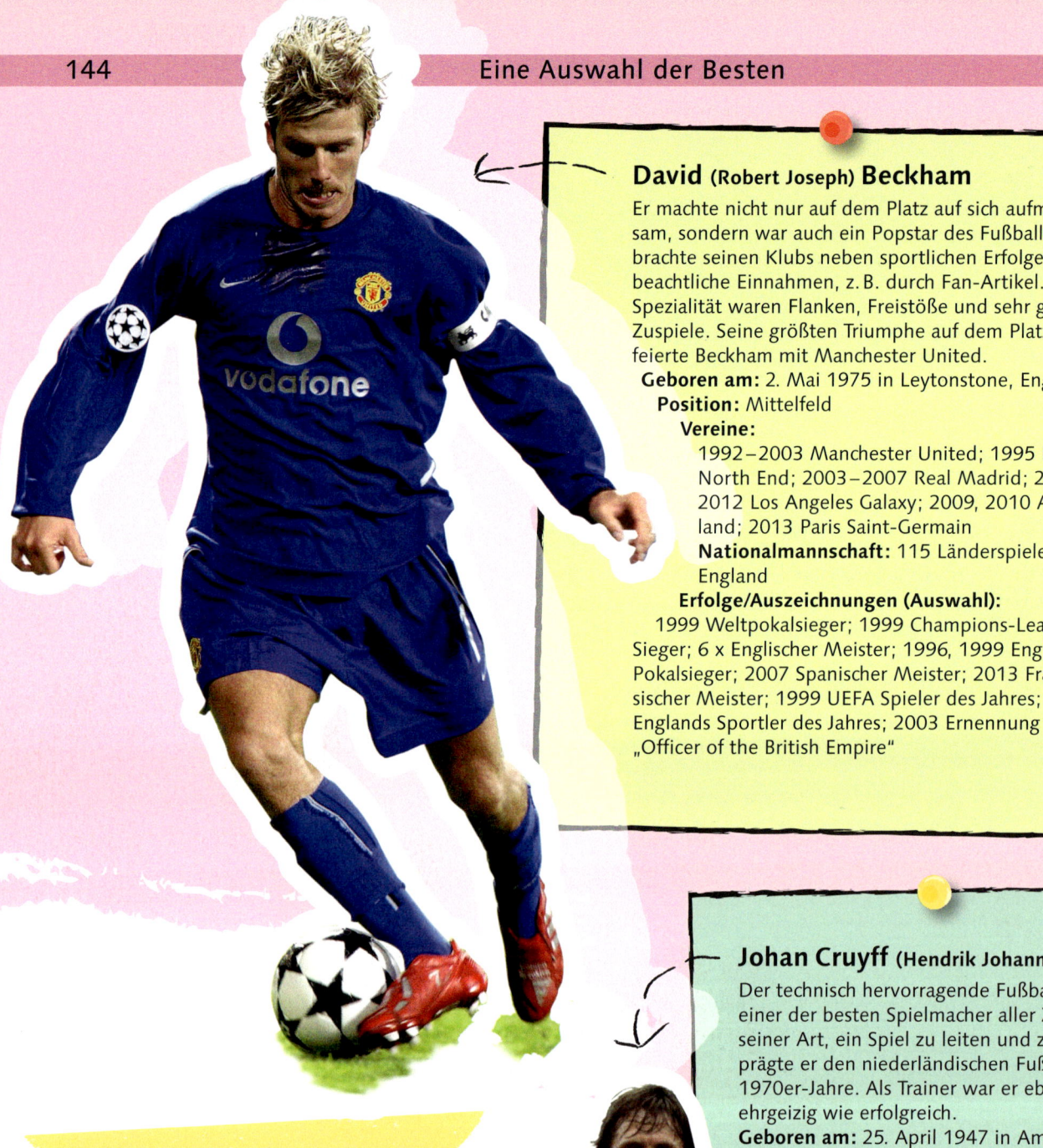

David (Robert Joseph) Beckham

Er machte nicht nur auf dem Platz auf sich aufmerksam, sondern war auch ein Popstar des Fußballs und brachte seinen Klubs neben sportlichen Erfolgen auch beachtliche Einnahmen, z. B. durch Fan-Artikel. Seine Spezialität waren Flanken, Freistöße und sehr genaue Zuspiele. Seine größten Triumphe auf dem Platz feierte Beckham mit Manchester United.

Geboren am: 2. Mai 1975 in Leytonstone, England
Position: Mittelfeld
Vereine:
1992–2003 Manchester United; 1995 Preston North End; 2003–2007 Real Madrid; 2007–2012 Los Angeles Galaxy; 2009, 2010 AC Mailand; 2013 Paris Saint-Germain
Nationalmannschaft: 115 Länderspiele für England
Erfolge/Auszeichnungen (Auswahl):
1999 Weltpokalsieger; 1999 Champions-League-Sieger; 6 x Englischer Meister; 1996, 1999 Englischer Pokalsieger; 2007 Spanischer Meister; 2013 Französischer Meister; 1999 UEFA Spieler des Jahres; 2001 Englands Sportler des Jahres; 2003 Ernennung zum „Officer of the British Empire"

Johan Cruyff (Hendrik Johannes Cruyff)

Der technisch hervorragende Fußballer gilt als einer der besten Spielmacher aller Zeiten. Mit seiner Art, ein Spiel zu leiten und zu dirigieren, prägte er den niederländischen Fußball der 1970er-Jahre. Als Trainer war er ebenso ehrgeizig wie erfolgreich.

Geboren am: 25. April 1947 in Amsterdam, Niederlande
Gestorben am: 24. März 2016 in Barcelona, Spanien
Position: Sturm/Mittelfeld (Spielmacher)
Vereine:
1964–1973 Ajax Amsterdam; 1973–1978 FC Barcelona; 1979 Los Angeles Aztecs; 1980–1981 Washington Diplomats; 1981 UD Levante; 1981–1983 Ajax Amsterdam; 1983–1984 Feyenoord Rotterdam
Nationalmannschaft: 48 Länderspiele für die Niederlande
Erfolge/Auszeichnungen (Auswahl):
1974 Vizeweltmeister, Bester Spieler der WM; 1971, 1972, 1973 Europapokal der Landesmeister; 9 x Niederländischer Meister; 6 x Niederländischer Pokalsieger; 1974 Spanischer Meister; 1978 Spanischer Pokalsieger; 1971, 1973, 1974 Europas Fußballer des Jahres

Bobby Charlton (Sir Robert Charlton)

Der „Gentleman des Fußballs" galt als sehr fairer Spieler und wurde in seiner ganzen Karriere nur einmal verwarnt – nicht wegen eines Fouls, sondern weil er einen Streit schlichten wollte. Charlton überlebte 1958 einen Flugzeugabsturz in München, durch den acht Mitglieder von Manchester United ums Leben kamen.

Geboren am: 11. Oktober 1937 in Ashington, England
Position: Mittelfeld
Vereine:
1953–1973 Manchester United; 1973–1975 Preston North End
Nationalmannschaft: 106 Länderspiele für England
Erfolge/Auszeichnungen (Auswahl):
1966 Weltmeister; 1968 Europapokal der Landesmeister; 1957, 1965, 1967 Englischer Meister; 1963 Englischer Pokalsieger; 1966 Englands und Europas Fußballer des Jahres; 1994 Erhebung in den Adelsstand als „Knight Commander of the Order of the British Empire"

Alfredo Di Stéfano (Alfredo Stéfano Di Stéfano Laulhe)

Der großartige Spielmacher und überragende Torjäger wurde wegen seiner hellen Haarfarbe „el alemán" (der Deutsche) genannt und in Kombination mit seiner Schnelligkeit auch „la saeta rubia" (der blonde Pfeil). Zu den großen Erfolgen von Real Madrid als dem „weißen Ballett" hat Di Stéfano zu seiner Zeit entscheidend beigetragen. Nach seiner Spielerkarriere arbeitete er viele Jahre erfolgreich als Trainer.

Geboren am: 4. Juli 1926 in Buenos Aires, Argentinien
Gestorben am: 7. Juli 2014 in Madrid, Spanien
Position: Stürmer
Vereine:
1943–1945 River Plate Buenos Aires; 1946 Huracán Buenos Aires; 1947–1949 River Plate Buenos Aires; 1949–1953 Los Millonarios Bogotá; 1953–1964 Real Madrid; 1964–1966 RCD Español Barcelona
Nationalmannschaft: 6 Länderspiele für Argentinien, 4 für Kolumbien, 31 für Spanien
Erfolge/Auszeichnungen (Auswahl): 1947 Südamerika-Meister; 1960 Weltpokalsieger; 5 x Europapokal der Landesmeister; 1945, 1947 Argentinischer Meister; 4 x Kolumbianischer Meister; 1953 Kolumbianischer Pokalsieger; 8 x Spanischer Meister; 1962 Spanischer Pokalsieger; 1957, 1959 Europas Fußballer des Jahres

Eusébio (Eusébio da Silva Ferreira)

Sein Torinstinkt und seine Schnelligkeit machten den „ersten Superstar des afrikanischen Kontinents" zu einem der gefährlichsten Torjäger aller Zeiten. Davon zeugen zum Beispiel seine 320 Treffer in 313 portugiesischen Ligaspielen. In den 1960er-Jahren hatte er großen Anteil an den Erfolgen von Benfica Lissabon. In Portugal wird er als Fußballidol verehrt.

Geboren am: 25. Januar 1942 in Lourenço Marques, heutiges Mosambik
Gestorben am: 5. Januar 2014 in Lissabon, Portugal
Position: Stürmer
Vereine:
1957–1960 Sporting Lourenço Marques; 1960–1975 Benfica Lissabon; 1975–1978 verschiedene Klubs in USA, Mexiko, Kanada, Portugal
Nationalmannschaft: 64 Länderspiele für Portugal
Erfolge/Auszeichnungen (Auswahl):
1962 Europapokal der Landesmeister; 11 x Portugiesischer Meister; 5 x Portugiesischer Pokalsieger; 1966 Torschützenkönig (9 Treffer) und Bester Spieler der WM; 1970, 1973 Portugals Fußballer des Jahres; 1965 Europas Fußballer des Jahres

Luís (Filipe Madeira Caeiro) Figo

Mit 127 Länderspielen wurde er zum Rekordnationalspieler Portugals. Seinen Wechsel vom FC Barcelona zum Erzrivalen Real Madrid haben ihm manche Fans übel genommen. Der Transfer machte ihn im Jahr 2000 zum teuersten Spieler der Welt: Etwa 58 Millionen Euro betrug die Ablösesumme.

Geboren am: 4. November 1972 in Lissabon, Portugal
Position: Mittelfeld, Spielmacher und Angreifer
Vereine:
1983–1995 Sporting Lissabon; 1995–2000 FC Barcelona; 2000–2005 Real Madrid; 2005–2009 Inter Mailand
Nationalmannschaft: 127 Länderspiele für Portugal
Erfolge/Auszeichnungen (Auswahl):
1997 Europapokal der Pokalsieger; 2002 Champions-League-Sieger; 2002 Weltpokalsieger; 1995 Portugiesischer Pokalsieger; 1997, 1998 Spanischer Pokalsieger; 4 x Spanischer Meister; 4 x Italienischer Meister; 2006 Italienischer Pokalsieger; 6 x Portugals Fußballer des Jahres; 2000 Europas Fußballer des Jahres; 2001 Weltfußballer des Jahres

Mia Hamm
(Mariel Margaret Hamm)

Mit 15 Jahren bestritt Mia Hamm ihr erstes Länderspiel und war damit die bis dahin jüngste US-Nationalspielerin. Sie war die erste Fußballerin, die durch Werbung Millionen verdiente. Ihr Ausrüster hat zum Beispiel einen eigenen Schuh für sie kreiert und es gab eine Fußball-Barbie-Puppe nach ihrem Vorbild.

Geboren am: 17. März 1972 in Selma, Alabama, USA
Position: Stürmerin
Vereine:
1989–1993 Collegeteam der University of South Carolina; 2001–2003 Washington Freedom
Nationalmannschaft: 275 Länderspiele für die USA
Erfolge/Auszeichnungen (Auswahl):
1991, 1999 Weltmeisterin; 1996, 2004 Olympiasiegerin; 2003 US-Meisterin; 2001, 2002 Weltfußballerin des Jahres; Weltfußballerin des Jahrhunderts

Zlatan Ibrahimovic

Spektakuläre Spielzüge, unnachahmliche Tore und ein riesiges Selbstbewusstsein zeichnen ihn aus. Geboren wurde Zlatan Ibrahimovic in Malmö (Schweden), wo er auch seine Fußballerkarriere startete. Zunächst kickte er auf der Straße, dann beim FBK Balkan Malmö – und saß wegen disziplinarischer Probleme häufig auf der Bank. 1999 unterschrieb er bei Malmö FF seinen ersten Profivertrag. 2001 verließ er Schweden und wechselte zu Ajax Amsterdam, seine erste von vielen weiteren Stationen. Ibrahimovics zweite Leidenschaft neben Fußball ist Taekwondo, worauf er selbst seine unglaubliche Beweglichkeit – und die artistischen Einlagen auf dem Platz – zurückführt.

Geboren am: 3. Oktober 1981 in Malmö, Schweden
Position: Stürmer
Vereine:
1999–2001 Malmö FF; 2001–2004 Ajax Amsterdam; 2004–2006 Juventus Turin; 2006–2009 Inter Mailand; 2009–2010 FC Barcelona; 2010–2012 AC Mailand; 2012–2016 Paris Saint-Germain; 2016–2018 Manchester United; ab 2018 LA Galaxy
Nationalmannschaft: 116 Länderspiele für Schweden
Erfolge/Auszeichnungen (Auswahl):
2017 Europa-League-Sieger; 2002, 2004 Niederländischer Meister; 2007, 2008, 2009, 2011 Italienischer Meister; 2010 Spanischer Meister; 2013, 2014, 2015, 2016 Französischer Meister; 11 x Schwedens Fußballer des Jahres, 3 x Italiens Fußballer des Jahres

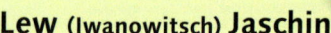

Lew (Iwanowitsch) Jaschin

Was heute selbstverständlich ist, machte er schon zu seiner Zeit: Jaschin spielte mit und agierte oft weit vor seinem Tor. Der 1,90 m große Torhüter hatte ausgezeichnete Reflexe und wurde wegen seines schwarzen Trikots „schwarzer Panther", „schwarze Spinne" und „schwarze Krake" genannt. Zu Beginn seiner Laufbahn spielte er im Sommer Fußball und im Winter stand er im Eishockeytor.

Geboren am: 22. Oktober 1929 in Bogorodskoje, Russland
Gestorben am: 20. März 1990 in Moskau
Position: Torwart
Verein:
1945–1971 Dynamo Moskau
Nationalmannschaft: 78 Länderspiele für die Sowjetunion
Erfolge/Auszeichnungen (Auswahl):
1956 Olympiasieger; 1960 Europameister; 5 x Sowjetischer Meister; 1953, 1967, 1970 Sowjetischer Pokalsieger; 1963 Europas Fußballer des Jahres; 1967 Leninorden der Sowjetunion; Welttorhüter und Sportler des 20. Jahrhunderts (nach seinem Tod)

Sepp Maier (Josef Dieter Maier)

Er zählt immer noch zu den beliebtesten Sportlern in Deutschland, auch wegen seines Humors. Dabei war der Weltklassetorwart nicht nur ein Spaßvogel – er war auch sehr ehrgeizig. Seine hervorragenden Reflexe brachten ihm den Spitznamen „Katze von Anzing" ein. Nach seiner aktiven Zeit trainierte er die Torhüter des FC Bayern München und der deutschen Nationalmannschaft.

Geboren am: 28. Februar 1944 in Metten, Deutschland
Position: Torwart
Vereine:
1952–1959 TSV Haar; 1959–1979 FC Bayern München
Nationalmannschaft: 95 Länderspiele für Deutschland
Erfolge/Auszeichnungen (Auswahl):
1974 Weltmeister; 1972 Europameister; 1967 Europapokal der Pokalsieger; 1974, 1975, 1976 Europapokal der Landesmeister; 1976 Weltpokalsieger; 4 x Deutscher Meister; 4 x DFB-Pokalsieger; 1975, 1977, 1978 Deutschlands Fußballer des Jahres; 1978 Bundesverdienstkreuz; Deutschlands Torhüter des Jahrhunderts

Diego (Armando) Maradona

Als Kind ist Maradona mit dem Ball in der Hand eingeschlafen – er war sein liebstes Spielzeug. Bei der Weltmeisterschaft 1986 war Maradona der Star und führte das argentinische Team mit seinen überragenden Leistungen zum Titel. Sein Trainer Carlos Bilardo sagte: „Ich danke Gott, dass Maradona ein Argentinier ist." Abseits des Platzes sorgte Maradona regelmäßig für weniger schöne Schlagzeilen, u. a. wegen seiner Drogenprobleme.

Geboren am: 30. Oktober 1960 in Villa Fiorito, Argentinien
Position: Mittelfeld (Spielmacher, Angreifer)
Vereine:
1976–1981 Argentinos Juniors; 1981–1982 Boca Juniors; 1982–1984 FC Barcelona; 1984–1991 SSC Neapel; 1992–1993 FC Sevilla; 1993–1994 Newell's Old Boys; 1995–1997 Boca Juniors
Nationalmannschaft: 91 Länderspiele für Argentinien
Erfolge/Auszeichnungen (Auswahl):
1986 Weltmeister und Bester Spieler der WM; 1989 UEFA-Pokal-Sieger; 1981 Argentinischer Meister; 1983 Spanischer Pokalsieger; 1987,1990 Italienischer Meister; 1987 Italienischer Pokalsieger; 4 x Argentiniens Fußballer des Jahres; 6 x Südamerikas Fußballer des Jahres; 1986 Weltsportler des Jahres

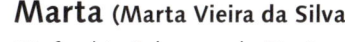

Marta (Marta Vieira da Silva)

Fünfmal in Folge wurde Marta zur Weltfußballerin gewählt. Als Siebenjährige begann sie gegen die Jungs auf der Straße zu kicken – und war nach kurzer Zeit besser als ihre Gegner. In Maceió, Brasilien, plante man bereits 2011 ein eigenes Museum für die Fußballerin.

Geboren am: 19. Februar 1986 in Dois Riachos, Brasilien
Position: Stürmerin
Vereine:
2000–2002 Vasco da Gama; 2002–2004 Santa Cruz FC; 2004–2008 Umeå IK; 2009 Los Angeles Sol; 2009–2010 FC Santos; 2010 FC Gold Pride; 2011 Western New York Flash; 2012–2014 Tyresö FF; 2014–2017 FC Rosengård; ab 2017 Orlando Pride
Nationalmannschaft: Brasilien
Erfolge/Auszeichnungen (Auswahl):
2007 Vize-Weltmeisterin, Beste Spielerin und Torschützenkönigin der WM; 2004, 2008 Silber bei den Olympischen Spielen; 2003, 2010 Südamerika-Meisterin; 2004 UEFA-Pokal-Siegerin; 5 x Schwedische Meisterin; 6 x Weltfußballerin des Jahres: 2006 bis 2010 und 2018

Lothar Matthäus gegen Carlos Valderrama (Kolumbien) bei der WM 1990.

Lothar (Herbert) Matthäus

Bei fünf Weltmeisterschaften war der Rekordnational-spieler dabei – er war Kapitän, als die deutsche Natio-nalelf 1990 Weltmeister wurde. Mit dem FC Bayern München begann die Zeit seiner großen Vereinserfolge, in der italienischen Liga wurde er endgültig zum Weltstar. Seit Ende seiner Karriere als Spieler arbeitet Matthäus gelegentlich als TV-Experte und als Trainer. Er würde gerne als Trainer in die Bundesliga zurückkehren.

Geboren am: 21. März 1961 in Erlangen, Deutschland
Position: Mittelfeld
Vereine:
1979–1984 Borussia Mönchengladbach; 1984–1988 FC Bayern München; 1988–1992 Inter Mailand; 1992–2000 FC Bayern München; 2000 New York/New Jersey Metro Stars
Nationalmannschaft: 150 Länderspiele für Deutschland
Erfolge/Auszeichnungen (Auswahl):
1990 Weltmeister; 1980 Europameister; 1991, 1996 UEFA-Pokal-Sieger; 7 x Deutscher Meister; 1986, 1998 DFB-Pokalsieger; 1989 Italienischer Meister; 1990 Europas Fußballer des Jahres; 1990, 1999 Deutschlands Fußballer des Jahres; 1991 Weltfußballer des Jahres; Ehrenspielführer der deutschen Nationalmannschaft

Lionel Messi
(Lionel „Leo" Andrés Messi Cuccitini)

Den ersten Vertrag, den Messi vom FC Barcelona bekam, schrieb der damalige Manager auf eine Serviette. Nachdem er ihn am Ball gesehen hatte, wollte er ihn schnellstens verpflichten. Als 16-Jähriger gab Messi sein Debüt im Trikot der Profimannschaft – und trägt es seither. Seine Ablösesumme soll 2017 auf 300 Millionen Euro festgelegt worden sein. Transfergerüchte zu Messi gab und gibt es immer wieder, bisher haben sie sich nie bewahrheitet. „Sie müssten mich rauswerfen, damit ich Barça verlasse", sagte er einmal.

Geboren am: 24. Juni 1987 in Rosario, Argentinien
Position: Stürmer
Vereine:
1992–1995 Grandoli FC; 1995–2000 Newell's Old Boys; seit 2000 FC Barcelona
Nationalmannschaft: Argentinien
Erfolge/Auszeichnungen (Auswahl):
2008 Olympiasieger; 2006, 2009, 2011, 2015 Champions-League-Sieger; 10 x Spanischer Meister; 6 x Spanischer Pokalsieger; 11 x Argentiniens Fußballer des Jahres; 2009, 2015 Europas Fußballer des Jahres; 2014 Bester Spieler der Weltmeisterschaft; 2009, 2010, 2011, 2012, 2015, 2019 Weltfußballer des Jahres

Pelé in Aktion für
Cosmos New York
im Jahr 1975.

Gerd Müller (Gerhard Müller)

Er sammelte Torrekorde – zum Beispiel 365 Bundesligatore in
427 Einsätzen, 40 Tore in der Bundesligasaison 1971/72, siebenmal
Torschützenkönig der Bundesliga und als Nationalspieler 68 Treffer
in 62 Länderspielen. Seinen Siegtreffer zum 2 : 1 für Deutschland im
WM-Finale 1974 gegen die Niederlande bezeichnete Müller selbst
als sein wichtigstes Tor. Und auch andere deutsche Fußball-Erfolge der
1970er-Jahre sind eng mit dem Mittelstürmer Gerd Müller verbunden.
Bis 2014 war der „Bomber der Nation" beim FC Bayern München als
Assistenztrainer für den Jugend- und Amateurbereich tätig.
Geboren am: 3. November 1945 in Nördlingen, Deutschland
Position: Stürmer
Vereine:
1955–1964 TSV 1861 Nördlingen;
1964–1979 FC Bayern München;
1979–1981 Fort Lauderdale Strikers;
1981–1982 Smith Brothers Lounge
Nationalmannschaft: 62 Länderspiele für Deutschland
Erfolge/Auszeichnungen (Auswahl):
1972 Europameister; 1974 Weltmeister; 1974, 1975, 1976 Europapokal der
Landesmeister; 1967 Europapokal der
Pokalsieger; 1976 Weltpokalsieger;
4 x Deutscher Meister; 4 x DFB-Pokalsieger;
1967, 1969 Deutschlands Fußballer des
Jahres; 1970 Europas Fußballer des Jahres;
1970, 1972 Bester Torschütze Europas

Pelé (Edson Arantes do Nascimento)

Bei Pelé überbieten sich Fans, Journalisten, Mit-
und Gegenspieler in ihren Schilderungen seines
Könnens. Die brasilianische Regierung ernannte
den damals erst 19-Jährigen zum „Nationalheilig-
tum", das nicht ins Ausland verkauft werden
durfte. Für viele seiner Landsleute war und ist er
ein leuchtendes Vorbild, dem es gelungen ist, der
Armut zu entfliehen. Pelé war Botschafter der
WM 2014 in Brasilien.
Geboren am: 23. Oktober 1940 in Tres Corações,
Brasilien
Position: Stürmer
Vereine:
1956–1974 FC Santos; 1975–1977 Cosmos New
York
Nationalmannschaft: 91 Länderspiele für Brasilien
Erfolge/Auszeichnungen (Auswahl):
1958, 1962, 1970 Weltmeister; 1962, 1963
Weltpokalsieger; 1962, 1963 Copa Libertadores;
10 x Meister des Bundesstaats São Paulo; 6 x Bra-
silianischer Pokalsieger; 1977 US-Meister; Welt-
rekord: 1281 Tore in 1363 Spielen(!); Bester
Torschütze Brasiliens aller Zeiten; 1999 vom
Internationalen Olympischen Komitee zum
Sportler des Jahrhunderts und 2000 von der FIFA
zum Fußballer des Jahrhunderts gewählt – und
unendlich viele weitere Auszeichnungen!

Michel (François) Platini

1984 führte er die französische Nationalmannschaft
zum Sieg bei der Europameisterschaft. Den Weltmeistertitel konnte er trotz dreimaliger Turnierteil-
nahme nie gewinnen. Er sagt von sich selbst, dass
er – im Vergleich z. B. zum deutschen Nationalspieler
Mesut Özil – ein eher lauffauler Spieler war. Dafür
war seine Ballbehandlung einzigartig und seine
Schusstechnik hervorragend. Im Jahr 1987 erklärte
Platini seinen Rücktritt vom Fußball. In 72 Länderspielen hatte er 41 Mal getroffen - und war damit
bis 2007 französischer Rekordtorschütze.
Geboren am: 21. Juni 1955 in Joeuf, Frankreich
Position: Mittelfeld
Vereine:
1966–1972 AS Joeuf; 1972–1979 AS Nancy;
1979–1982 AS Saint-Étienne; 1982–1987 Juventus
Turin
Nationalmannschaft: 72 Länderspiele für Frankreich
Erfolge/Auszeichnungen (Auswahl):
1984 Europameister; 1984 Europapokal der Pokal-
sieger; 1985 Europapokal der Landesmeister; 1985
Weltpokalsieger; 1981 Französischer Meister; 1978
Französischer Pokalsieger; 1983 Italienischer Pokal-
sieger; 1984, 1986 Italienischer Meister; 1976, 1977
Frankreichs Fußballer des Jahres; 1984 Italiens
Fußballer des Jahres; 1983, 1984, 1985 Europas
Fußballer des Jahres

Birgit Prinz

Mit 128 Länderspieltoren ist sie Rekordtorschützin des DFB (bei Frauen und Männern). Ihre Nationalmannschaftserfolge sind beachtlich und auch mit ihrem langjährigen Verein, dem 1. FFC Frankfurt, konnte sie unglaublich viele große Siege feiern. Dabei blieb sie zurückhaltend, Starallüren waren ihr fremd, sie sah sich immer als Teil der Mannschaft. Steffi Jones nannte Prinz einmal „die Lichtgestalt des deutschen Frauenfußballs".

Geboren am: 25. Oktober 1977 in Frankfurt a. M., Deutschland
Position: Stürmerin
Vereine:
1992–1998 FSV Frankfurt; 1998–2002 1. FFC Frankfurt; 2002 Carolina Courage; 2002–2011 1. FFC Frankfurt; 2012–2013 TSG 1899 Hoffenheim
Nationalmannschaft: 214 Länderspiele für Deutschland
Erfolge/Auszeichnungen (Auswahl):
2003, 2007 Weltmeisterin; 1995, 1997, 2001, 2005, 2009 Europameisterin; 2002, 2006, 2008 Women's-Champions-League-Siegerin; 9 x Deutsche Meisterin; 10 x Deutsche Pokalsiegerin; 2002 US-Meisterin; 8 x Deutschlands Fußballerin des Jahres; 2003, 2004, 2005 Weltfußballerin des Jahres; FIFA-Botschafterin für den Frauenfußball; Ehrenspielführerin des DFB

Ferenc Puskás (Ferenc Puskás Biro)

Als Kapitän der ungarischen Nationalelf der 1950er-Jahre war er ein Star. Das Team bekam als eine der weltweit besten Mannschaften den Spitznamen „Goldene Elf". Ende der 1950er- und in den frühen 1960er-Jahren gestaltete Puskás dann die großen Erfolge von Real Madrid mit. Als Trainer reiste er nach Beendigung seiner aktiven Zeit rund um die Welt.

Geboren am: 2. April 1927 in Budapest, Ungarn
Gestorben am: 17. November 2006 in Budapest, Ungarn
Position: Stürmer
Vereine:
1943–1956 Kispest AC/Honvéd Budapest; 1958–1967 Real Madrid
Nationalmannschaft: 85 Länderspiele für Ungarn, 4 für Spanien
Erfolge/Auszeichnungen (Auswahl):
1952 Olympiasieger; 1960 Weltpokalsieger; 1959, 1960, 1966 Europapokal der Landesmeister; 6 x Ungarischer Meister; 5 x Spanischer Meister; 1962 Spanischer Pokalsieger; je 4 x Torschützenkönig in Ungarn und Spanien

Rivaldo (Rivaldo Vítor Borba Ferreira)

Er kommt aus sehr armen Verhältnissen und hat es als Fußballer zum absoluten Spitzenverdiener gebracht. In seiner stärksten Phase (Mitte der 1990er-Jahre bis Anfang 2000) zählte Rivaldo zu den weltweit erfolgreichsten und effektivsten Mittelfeldspielern. In der Nationalmannschaft spielte er mit Ronaldo und Ronaldinho und verhalf seinem Team 2002 zum WM-Titel.

Geboren am: 19. April 1972 in Jardin Paulista, Brasilien
Position: Mittelfeld
Vereine:
1990–1991 Paulista Pernambuco FC; 1992 Santa Cruz FC; 1993 Mogi Mirim EC; 1993–1994 SC Corinthians São Paulo; 1994–1996 Palmeiras São Paulo; 1996–1997 Deportivo La Coruña; 1997–2002 FC Barcelona; 2002–2003 AC Mailand; 2004 Cruzeiro Belo Horizonte; 2004–2007 Olympiakos Piräus; 2007–2008 AEK Athen; 2008–2010 Bunyodkor Taschkent; 2011 Mogi Mirim EC; 2011 FC São Paulo; 2012 Kabuscorp; 2013–2014 São Caetano; 2014–2015 Mogi Mirim EC

Nationalmannschaft: 74 Länderspiele für Brasilien
Erfolge/Auszeichnungen (Auswahl):
2002 Weltmeister; 2003 Champions-League-Sieger; 1999 Copa-América-Sieger; 1994 Brasilianischer Meister; 1998, 1999 Spanischer Meister; 1998 Spanischer Pokalsieger; 2003 Italienischer Pokalsieger; 2005, 2006, 2007 Griechischer Meister; 2005, 2006 Griechischer Pokalsieger; 2008, 2009, 2010 Usbekischer Meister; 2008, 2010 Usbekischer Pokalsieger; 1993, 1994 Brasiliens Fußballer des Jahres; 1999 Europas Fußballer und Weltfußballer des Jahres

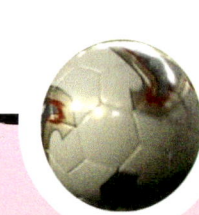

Romário (Romário de Souza Faria)

Insgesamt erzielte Romário über 900 Treffer – nach eigener Zählung hat er sogar die 1000 erreicht – und ist damit einer der erfolgreichsten Torjäger aller Zeiten. An Selbstbewusstsein mangelte es ihm nicht, nach seinem WM-Sieg mit Brasilien 1994 sagte er: „Ich bin der Beste der Welt!" – und als er 1998 brasilianischer Meister geworden war: „Als ich geboren wurde, hat der liebe Gott auf mich gezeigt und gesagt: Der ist es." Romário sorgte aber auch mehrfach für negative Schlagzeilen, z. B. weil er zu spät aus dem Urlaub zum Training zurückkam.

Geboren am: 29. Januar 1966 in Rio de Janeiro, Brasilien
Position: Stürmer
Vereine:
1980–1988, 2000–2002, 2005–2008 Vasco da Gama; 1988–1993 PSV Eindhoven; 1993–1995 FC Barcelona; 1995–1996, 1996–1997, 1998–1999 Flamengo Rio de Janeiro; 1996, 1997 FC Valencia; 2002–2004 Fluminense FC; 2003 Al-Sadd; 2006 Miami FC; 2006 Adelaide United
Nationalmannschaft: 70 Länderspiele für Brasilien
Erfolge/Auszeichnungen (Auswahl):
1994 Weltmeister; 1988 Silbermedaille bei den Olympischen Spielen; 1989, 1997 Copa-América-Sieger; 1997 Konföderationen-Pokal; 1989, 1991, 1992 Niederländischer Meister; 1989, 1990 Niederländischer Pokalsieger; 1994 Spanischer Meister; 2000 Brasilianischer Meister; 1989, 1990, 1991 Niederländischer Fußballer des Jahres; 1994 Weltfußballer des Jahres

Ronaldinho (Ronaldo de Assis Moreira)

Der offensive, trickreiche Mittelfeldspieler konnte den Ball mit extrem hohem Tempo führen. Zu einem Freistoßtor der „Zaubermaus" gegen Werder Bremen sagte der damalige Bremer Keeper Tim Wiese: „An diesen Trick werde ich mich noch erinnern, wenn ich irgendwann einmal meine Karriere in der Kreisklasse als Stürmer ausklingen lasse." Seine größten Erfolge feierte Ronaldinho mit der brasilianischen Nationalmannschaft und dem FC Barcelona.

Geboren am: 21. März 1980 in Porto Alegre, Brasilien
Position: Mittelfeld
Vereine:
1998–2001 Grémio Porto Alegre; 2001–2003 Paris Saint-Germain; 2003–2008 FC Barcelona; 2008–2011 AC Mailand; 2011–2012 CR Flamengo; 2012–2014 Atlético Mineiro; 2014–2015 Quéretaro Fútbol Club; 2015 Fluminense Rio de Janeiro
Nationalmannschaft: 97 Länderspiele für Brasilien
Erfolge/Auszeichnungen (Auswahl):
2002 Weltmeister; 1999 Copa-América-Sieger; 2006 Champions-League-Sieger; 2005, 2006 Spanischer Meister; 2013 Copa Libertadores; 2005 Europas Fußballer des Jahres; 2004, 2005 Weltfußballer des Jahres

Ronaldo (Ronaldo Luíz Nazário de Lima)

Einer der erfolgreichsten Torjäger Brasiliens startete in seiner Jugend als Torwart, wechselte aber bald vors gegnerische Tor und wurde einer der besten Stürmer aller Zeiten. Gegen Ende seiner Karriere machten ihm gesundheitliche Probleme zunehmend zu schaffen. Seit 2003 setzt sich Ronaldo als UN-Botschafter – u. a. gemeinsam mit Zinédine Zidane – beim „Match against Poverty" der Vereinten Nationen für Projekte gegen die Armut ein.

Geboren am: 22. September 1976 in Rio de Janeiro, Brasilien
Position: Stürmer
Vereine:
1993–1994 Cruzeiro Belo Horizonte; 1994–1996 PSV Eindhoven; 1996–1997 FC Barcelona; 1997–2002 Inter Mailand; 2002–2007 Real Madrid; 2007–2008 AC Mailand; 2009–2011 Corinthians São Paulo
Nationalmannschaft: 98 Länderspiele für Brasilien
Erfolge/Auszeichnungen (Auswahl):
1994, 2002 Weltmeister; 1997, 1999 Copa-América-Sieger; 1997 Europapokal der Pokalsieger; 1998 UEFA-Pokal-Sieger; 2002 Weltpokalsieger; 2007 Klub-Weltmeisterschaft; 1993, 2009 Brasilianischer Pokalsieger; 1996 Niederländischer Pokalsieger; 1997 Spanischer Pokalsieger; 2003, 2007 Spanischer Meister; 1997, 2002 Europas Fußballer des Jahres; 1996, 1997, 2002 Weltfußballer des Jahres

Mit 15 Treffern war Ronaldo von 2006 bis 2015 WM-Rekordtorjäger.

Cristiano Ronaldo (Cristiano Ronaldo dos Santos Aveiro)

Sein unerschütterliches Selbstbewusstsein ist nicht unbegründet: Real Madrid zahlte 2009 eine Rekordablösesumme von 94 Millionen Euro für den portugiesischen Flügelstürmer. Zu seiner Vorstellung im neuen Klub kamen über 80 000 Fans ins ausverkaufte Estadio Santiago Bernabéu. Seine überragende Schusstechnik macht ihn zum gefürchteten Schützen. Wegen seiner Körperhaltung bei Freistößen wird er auch „Pistolero" (Revolverheld) genannt. Das gehört ebenso zu seinen Markenzeichen wie sein doppelter Übersteiger, seine Beidfüßigkeit und Schnelligkeit. Cristiano Ronaldo liebt die Show auf und neben dem Platz.

Geboren am: 5. Februar 1985 in Funchal, Portugal
Position: Stürmer
Vereine:
2001–2003 Sporting Lissabon; 2003–2009 Manchester United; 2009–2018 Real Madrid; ab 2018 Juventus Turin
Nationalmannschaft: Portugal
Erfolge/Auszeichnungen:
2016 Europameister; 2008, 2014, 2016, 2017, 2018 Champions-League-Sieger; 2007, 2008, 2009 Englischer Meister; 2004 Englischer Pokalsieger; 2011, 2014 Spanischer Pokalsieger; 2012, 2017 Spanischer Meister; 2007, 2008 Englands Fußballer des Jahres; 2008 Europas Fußballer des Jahres; 2008, 2013, 2014, 2016, 2017 Weltfußballer des Jahres

Uwe Seeler und Pelé bei einem Benefizspiel in Braunschweig (1975).

Uwe Seeler

„Uns Uwe" blieb seinem Klub, dem HSV, immer treu. Er verzichtete 1961 sogar auf ein sehr lohnendes Angebot von Inter Mailand. Als Denkmal für ihn hat der HSV sich eine überdimensionale Nachbildung seines rechten Fußes aus Bronze vor das Stadion gestellt. Mit der Nationalmannschaft konnte Seeler nie einen großen Titel holen, trotzdem war er einer der beliebtesten Spieler Deutschlands. Er war der zweite Fußballer nach Fritz Walter, der zum Ehrenspielführer der Nationalelf ernannt wurde.

Geboren am: 5. November 1936 in Hamburg, Deutschland
Position: Stürmer
Verein:
1953–1972 Hamburger SV
Nationalmannschaft: 72 Länderspiele für Deutschland
Erfolge/Auszeichnungen (Auswahl):
1966 Vize-Weltmeister; 1960 Deutscher Meister; 1963 DFB-Pokalsieger; 1960, 1964, 1970 Deutschlands Fußballer des Jahres; 1974 Erster Torschützenkönig der Bundesliga (30 Tore); Ehrenspielführer der deutschen Nationalmannschaft

George (Tawlon Manneh Oppong Ousman) Weah

Er ist ein Held in seinem Heimatland Liberia. Dreimal wurde George Weah Afrikas Fußballer des Jahres und als erster afrikanischer Spieler zum Weltfußballer gewählt. In Europa wurde er in den 1990er-Jahren in der französischen und italienischen Liga zum herausragenden Angreifer. Nach seiner aktiven Sportlerlaufbahn stellte er sich für das Präsidentenamt in Liberia zur Wahl.

Geboren am: 1. Oktober 1966 in Monrovia, Liberia
Position: Stürmer
Vereine:
1987–1988 Tonnerre Kalara Club de Yaoundé; 1988–1992 AS Monaco; 1992–1995 Paris Saint-Germain; 1995–2000 AC Mailand; 2000 FC Chelsea (Leihe); 2000 Manchester City; 2000–2001 Olympique Marseille; 2001–2003 Al-Jazira Club
Nationalmannschaft: 60 Länderspiele für Liberia
Erfolge/Auszeichnungen (Auswahl):
1986, 1987 Liberischer Meister; 1988 Meister in Kamerun; 1991, 1993, 1995 Französischer Pokalsieger; 1994 Französischer Meister; 1996, 1999 Italienischer Meister; 2000 Englischer Pokalsieger; 1989, 1994, 1995 Afrikas Fußballer des Jahres; 1995 Weltfußballer und Europas Fußballer des Jahres, 1998 Afrikas Fußballer des Jahrhunderts

Zinédine (Yazid) Zidane

Eine äußerst geschickte Ballbehandlung und präzise Schüsse machten „Zizou" zu einem der ganz Großen. Der geniale Fußballer gilt als zurückhaltend, konnte aber auf dem Platz plötzlich ausrasten. In seinem letzten Spiel, dem Finale der WM 2006, rammte er seinen Kopf mit Wucht in die Brust von Marco Materazzi (Italien). Dafür sah Zidane berechtigt die Rote Karte, auch wenn der Italiener ihn zuvor böse provoziert hatte. Seit 2016 ist Zidane Trainer von Real Madrid.

Geboren am: 23. Juni 1972 in Marseille, Frankreich
Position: Mittelfeld
Vereine:
1988–1992 AS Cannes; 1992–1996 Girondins Bordeaux; 1996–2001 Juventus Turin; 2001–2006 Real Madrid
Nationalmannschaft: 108 Länderspiele für Frankreich
Erfolge/Auszeichnungen als Spieler:
1998 Weltmeister; 2000 Europameister; 1996, 2002 Weltpokalsieger; 2002 Champions-League-Sieger; 1997, 1998 Italienischer Meister; 2003 Spanischer Meister; 1998, 2002 Frankreichs Fußballer des Jahres; 1998 Europas Fußballer des Jahres; 1998, 2000, 2003 Weltfußballer des Jahres

Zidane im Viertelfinalspiel gegen Spanien bei der EM 2000.

Dino Zoff

„Dino Nazionale" nennen ihn seine Fans. Er gilt als einer der größten Keeper aller Zeiten. Bei vier Weltmeisterschaften stand er für Italien im Tor, als 40-Jähriger gewann er 1982 endlich den Titel. Nach seiner aktiven Zeit auf dem Platz holte er als Trainer 1990 mit Juventus Turin die Coppa Italia und den UEFA-Pokal und wurde mit der italienischen Nationalmannschaft 2000 Vize-Europameister.

Geboren am: 28. Februar 1942 in Mariano del Friuli, Italien
Position: Torwart
Vereine:
1961–1963 Udinese Calcio; 1963–1967 AC Mantova; 1967–1972 SSC Neapel; 1972–1983 Juventus Turin
Nationalmannschaft: 112 Länderspiele für Italien
Erfolge/Auszeichnungen:
1982 Weltmeister; 1968 Europameister; 1977 UEFA-Pokal-Sieger; 6 x Italienischer Meister; 1979, 1983 Italienischer Pokalsieger

Ampeln, Bananen und Schwalben – Begriffe aus der Fußballwelt

Abstieg
Klub muss zum Saisonende in die nächstniedrigere Spielklasse (Liga) wechseln

Ampelkarte
Gelbe Karte, auf die sofort eine Rote Karte (und damit der Platzverweis) folgt, weil der Spieler zuvor schon mit Gelb verwarnt worden ist

Anschlusstreffer
Treffer für die zurückliegende Mannschaft, der die Tordifferenz zum Gegner von zwei Toren auf eins verringert, sodass der Ausgleich wieder möglich ist

Aufstellung
Spieler und ihre Positionen auf dem Platz zu Spielbeginn; wird vom Trainer festgelegt und kurz vor Anpfiff bekanntgegeben

Aufstieg
Klub spielt in der kommenden Saison in der nächsthöheren Spielklasse

Ballbesitz
Spieler einer Mannschaft kicken den Ball zwischen sich hin und her bzw. ein Spieler führt den Ball und ist im *Ballbesitz*

Ballkontakt
Ballberührung

Bananenflanke
weiter, hoher Schuss (→ Flanke) mit gekrümmter Flugbahn

Blutgrätsche
brutales, rücksichtsloses Hineinrutschen in die Beine des Gegners mit gestrecktem Bein

Distanzschuss
Schuss aufs Tor aus großer Entfernung

Doping
verbotene Einnahme von Mitteln zur Leistungssteigerung

Double
Gewinn der nationalen Meisterschaft und des nationalen Pokal-Wettbewerbs in derselben Saison

Effet
Drall, der die Flugbahn des Balls verändert

Eigentor
unabsichtlicher, unglücklicher Treffer ins eigene Tor

eingleisige Liga
eine gemeinsame Liga (im Gegensatz zu mehreren parallel stattfindenden Wettbewerben in unterschiedlichen Landesteilen)

enge Kiste
Reporterfloskel: Das wird eine *enge Kiste* = eine knappe Entscheidung

Fahrstuhlmannschaft
Klub, der häufig auf- und absteigt

Fahrt aufnehmen
Reporterfloskel: Das Spiel *nimmt Fahrt auf* = gewinnt an Tempo

Fair Play
faires Verhalten über vorgeschriebene Regeln hinaus

Finte
Austricksen des Gegners mit dem Ball durch Antäuschen einer Aktion (z. B. → Übersteiger)

Flanke
von den Seiten geschossener, hoher langer Ball vors gegnerische Tor

Flügelstürmer
Spieler, der über die Seiten nach vorne stürmt

Grätsche
Spieler rutscht mit gestrecktem Bein flach über den Boden in den Ball, um den Gegner vom Ball zu trennen

Grottenkick
unglaublich schlechtes, langweiliges Fußballspiel

Hackentrick
Änderung der Flugbahn des Balls durch Kicken mit der Ferse

Hattrick
drei Tore eines Spielers in einem Spiel

Heimmannschaft
das Team, das Gastgeber eines Matchs ist, also auf dem eigenen Platz vor heimischem Publikum antritt

Kader
alle Spieler eines Vereins oder eines Nationalteams, die in einer Saison oder für einen Wettbewerb zur Verfügung stehen und eingesetzt werden dürfen

Kellerduell
Spiel zweier Mannschaften auf den unteren Tabellenplätzen

Klassenerhalt
den *Klassenerhalt* schaffen = in der aktuellen Spielklasse bleiben, den Abstieg vermeiden

Konter
Gegenangriff

Kreuzeck
rechte oder linke obere Ecke im Tor

La-Ola-Welle
von begeisterten Zuschauern auf den Rängen durch Aufstehen und Hinsetzen erzeugte Welle

Legionär
Spieler, der bei einem Klub im Ausland unter Vertrag ist

Libero
Abwehrspieler ohne direkten Gegenspieler, der auch den Angriff des eigenen Teams mitgestaltet; heute so gut wie nicht mehr im Einsatz

Lupfer
frecher Schuss, bei dem der Ball ohne viel Kraft im Bogen z. B. über einen Gegenspieler gehoben wird

mauern
sehr defensiv spielen, mit vielen Spielern den Weg zum Tor zustellen

Mittelfeldregisseur
Spielgestalter im Mittelfeld

Nachschuss
erneuter Schuss aufs Tor, wenn ein Angreifer nach einer Abwehraktion der Gegner direkt wieder an den Ball kommt

Pflichtspiel
offizielles Wettkampfspiel

Profi
Berufsfußballer

Qualifikation
Spiele, bei denen die Berechtigung zur Teilnahme an einem Wettbewerb erkämpft wird

Rasenschach
sehr vorsichtiges, taktisches Spiel

Rekordmeister
Verein, der die Meisterschaft am häufigsten gewonnen hat

Rudelbildung
Gedränge mehrerer Spieler beider Teams, die streiten, protestieren und handgreiflich werden

Schiedsrichterball
Spielfortsetzung nach Unterbrechungen, für die es keine andere Regelung gibt, z. B. nachdem der Ball kaputtgegangen ist, der Schiedsrichter unbegründet gepfiffen hat oder ein Zuschauer auf den Platz gelaufen ist; der Schiedsrichter lässt den Ball zwischen den Spielern aufs Spielfeld fallen

Schwalbe
Aktion, bei der sich ein Spieler fallen lässt, als wäre er gefoult worden, ohne dass dies tatsächlich passiert ist

Schwalbenkönig
Spieler, der häufig versucht, durch Schwalben einen Vorteil für seine Mannschaft herauszuholen

Standardsituation
Situationen, bei denen durch die Regeln vorgegeben ist, wie der Ball ins Spiel gebracht wird, z. B. Eckstoß und Freistoß

Startelf
die elf Spieler eines Teams, die zu Beginn des Spiels auf dem Platz stehen

taktisches Foul
bewusst eingesetztes Foul, das dazu dient, einen Angriff zu unterbrechen; in der Regel ohne Verletzungsgefahr für den Gegner

Torwartparade
Reaktion des Torhüters, mit der er einen Ball abwehrt und einen Treffer verhindert

Trainerkarussell
Entlassungen und Neuverpflichtungen von Trainern und deren Wechsel zwischen den Klubs

Übersteiger
Trick zur Richtungsänderung beim Dribbeln: Der Schussfuß wird auf die andere Seite des Balls gesetzt und der Ball mit dem Außenspann des anderen Fußes weitergekickt

unhaltbar
unmöglich für den Torwart, den Treffer zu verhindern

Volley
aus der Luft geschossener Ball, bevor dieser den Boden berührt

vorbelastet
Spieler ist bereits im Wettbewerb so oft verwarnt worden, dass eine weitere Gelbe Karte seine Sperre bedeutet

Vorteil
Schiedsrichter kann das Spiel trotz eines Regelverstoßes weiterlaufen lassen, wenn das andere Team in Ballbesitz und dadurch im *Vorteil* ist

Zitterpartie
sehr knappes Fußballmatch, bei dem eine Mannschaft ihren Vorsprung mit Glück bis zum Schlusspfiff rettet

zwölfter Mann
die Fans im Stadion

Fußball im Internet

Noch mehr Lust auf Fußball? Viele weitere Informationen zum Thema findest du im Internet. Hier eine Auswahl an Links.

Hintergrundinfos und Spielergebnisse:

de.fifa.com Die offizielle Internetseite der FIFA informiert über den Weltfußballverband, über die Geschichte des Spiels und seine Regeln, über internationale Wettbewerbe einschließlich der Ergebnisse und vieles mehr.

de.uefa.com Die Homepage der UEFA bietet Informationen zum europäischen Fußballverband, zu den Mitgliedsverbänden, zu europäischen Wettbewerben, Klubs und Spielern und vieles mehr.

www.dfb.de Die Homepage des Deutschen Fußball-Bundes beschäftigt sich unter anderem mit den deutschen Klubs und ihren Spielen, den deutschen Nationalmannschaften und ihren Wettbewerben sowie dem Fußballnachwuchs.
www.dfb.de/sportl-strukturen/talentfoerderung/start Direkter Link zur Talentförderung des DFB.
maedchenteams.dfb.de Hier informiert der DFB über Mädchenmannschaften, u.a. mit einer Liste zu Teams nach Bundesländern.
www.dfb.de/die-mannschaft/start/ Link zu den Seiten der deutschen Nationalmannschaft der Männer.

www.bundesliga.com/de Die offizielle Website der deutschen Bundesliga zeigt Spielergebnisse und Tabellenplätze, liefert aktuelle Meldungen und viele Hintergrundinformationen.

www.fussball.de Die Plattform zeigt Fußballergebnisse von den deutschen Amateuren bis hin zu Nationalmannschafts-Wettbewerben.

www.oefb.at Die Homepage des österreichischen Fußballbunds informiert über das Nationalteam, über Frauenfußball in Österreich, den Nachwuchs und vieles mehr.

www.bundesliga.at Hier findet man alles zur österreichischen Fußball-Bundesliga.

www.football.ch Der schweizerische Fußballverband liefert auf seiner Homepage unter anderem Berichte und Ergebnisse aus den schweizerischen Ligen und von der Nationalmannschaft.

Kinderseiten:

www.dfb.de/paule/ Nationalmannschaftsmaskottchen Paule führt durch die DFB-Seite für junge Fans mit Berichten über die Nationalmannschaften, den Fußballnachwuchs, deutsche Spieler und Spielerinnen, Vereine, den DFB ...

www.fd21.de „Fußball in Deutschland im 21. Jahrhundert" bedeutet die Abkürzung im Namen der Website. Fußballstars geben Trainingstipps, Fachbegriffe werden verständlich erklärt, es gibt eine eigene „Girls Zone" und vieles mehr.

www.kidsville.de/atelier/quatschlexikon/ Im „Fußball-Quatsch-Lexikon" können Kinder ihre eigenen lustigen Erklärungen zu Fußballbegriffen erfinden und sie mit anderen teilen. Alle Beiträge und Kommentare auf der werbefreien Seite werden redaktionell geprüft.

www.kindernetz.de/infonetz/sport/fussball/ Im SWR Kindernetz gibt's allerlei Infos über Balltechniken, die Nationalteams, Fußball-Legenden, WM-Torschützen, die Bundesliga ... Dazu ein Fußball-ABC, ein Fußballquiz und noch viel mehr.

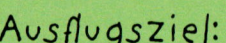

Ausflugsziel:

www.fussballmuseum.de Das Deutsche Fußballmuseum in Dortmund lässt in seiner Ausstellung und mit verschiedenen Veranstaltungen deutsche Fußballgeschichte lebendig werden.

Register

Bildnachweis

o. = oben, u. = unten, l. = links, r. = rechts, M. = Mitte, H. = Hintergrund, S. = Silhouette

Bildnachweis
o. = oben, u. = unten, l. = links, r. = rechts, M. = Mitte, H. = Hintergrund, S. = Silhouette
Umschlagfotos: picture alliance/augenklick (van Bruyne, Mbappé, Kimmich); picture alliance/empic (Lloyd, Rapinoe); Adobe Stock/Denchik (Fußball); iSTock/Toth_Adan (Fond); iSTock/Kannaa (Strahlen)
Innenteil: Adobe Stock/Alexander: Seite 132o.; Adobe Stock/Augustin Lazaroiu: Seite 131o.; Adobe Stock/cge2010: Seite 138o.; Adobe Stock/dudlajzov: Seite 135 o.; Adobe Stock/Leonid Andronov: Seite 134o.; Adobe Stock/Mapics: Seite 137o.; Adobe Stock/melani_10: Seite 133o.; Adobe Stock/Mik Man: Seite 130o; Adobe Stock/Mistervlad: Seite 130u.; AdobeStock/parsadanov: Seite 139o., Adobe Stock/QQ7: Seite 136o.; Adobe Stock/TreasureGalore: Seite 131u.; Amy Myers/fotolia: Seite 50 u.; beermedia/fotolia: Seite 5 (Ball), 10/11, 38/39; by-studio/fotolia: Seite 94/95 H.; Elnur/fotolia: Seite 12 l.; Familie Schöll: Seite 56 o.; Frank Rohde/fotolia: Seite 5 H., 23 H., 35 H., 49 H., 57 H., 77 H., 85 H., 99 H., 141 H.; Guido Grochowski/fotolia: Seite 14 u.; iamsania/fotolia: Seite 57 u., 64 – 67 S., 155 u.; jogyx/fotolia: Seite 18/19 H.; Lucky Dragon USA/fotolia: Seite 13 u., 40 u.; LVDESIGN/fotolia: Seite 50 o.; massimhokuto/fotolia: Seite 15 r.; Nataliia Bielous/fotolia: Seite 35 (Tor), 41 o.; picture alliance: Seite 42, 75o.; 123u.; 148 u.; picture alliance/Actionplus: Seite 127o.; picture alliance/Alexei Danichev/Sputnik/dpa: Seite 122u.; picture alliance/AP images: Seite 54 u.; picture alliance/AP Photo: Seite 11 o., 19 o., 79; picture Alliance/APA/picturedesk.com: Seite 72; picture alliance/ASA: Seite 146 u., 149 l.; picture alliance/augenklick: Seite 14, 33, 45, 86o., 91, 115, 136u.; 137u.; picture alliance/augenklick/firo Sportphoto: Seite 17, 28 o., 30, 82, 89 o., 132u.; picture alliance/augenklick/GES: Seite 5 S., 12, 40 o., 44, 92/93, 101 u., 118, 156 o. S.; picture alliance/augenklick/KUNZ: Seite 107; picture alliance/augenklick/Lacy Perenyi: Seite 104, 109, 114 o., 152 o.; picture alliance/augenklick/Rauchensteiner: Seite 49 S.; picture alliance/Beautiful Sports Seite 124u.; picture alliance/Christian Charisius/dpa: Seite 122 M.; picture alliance/Claus Bergmann: Seite 42/43 H.; picture alliance/dpa: Seite 10, 13 o., 18, 21 u., 23 S., 24/25, 26/27, 35 S., 41 u., 47 u., 52/53, 55, 58/59 u., 63 u., 66, 67 u., 78, 80, 85 S., 90 u., 92, 94, 97 o., 101 o., 103, 116, 117, 119, 133u., 142, 143 o., 151 o.; picture alliance/dpa-Report: Seite 59 o., 70, 144 u., 148 o.; picture alliance/dpa-Sportreport: Seite 67 o., 86 u., 96, 99 S., 106, 108 o., 114 M., 119 o., 145 o., 149 r., 153 o.; picture alliance/DPPI Media: Seite 119, 125u.; picture alliance/Eibner-Pressefoto: Seite 29 u., 74; picture alliance/empics: Seite 7, 36, 81, 90 o.; 134u.; picture alliance/ESTADO CONTEUDO: Seite 97 u.; picture alliance/Foto Huebner: Seite 31, 46, 75u.; picture alliance/foto2press: 95; picture alliance/Fotografo01: Seite 43o.;picture alliance/Fotostand: Seite 20; picture alliance/GES-Sportfoto: Seite 105; picture alliance/Imagno: Seite 6/7; picture alliance/IPP: Seite 127u.; picture alliance/KEYSTONE: Seite 73; picture alliance/Guido Kirchner: Seite 139u.; picture alliance/Mark Leech: Seite 151 u.; picture alliance/Mick Kearns/phcimages/Cover Images Seite 123o.; picture alliance/Mika: Seite 76, 86/87 u.; picture alliance/M.i.S.-Sportpressefoto: Seite 47 o.; picture alliance/Norbert Schmidt: Seite 21 o.; picture alliance/nordphoto: Seite 57 S., 61 o.; picture alliance/NurPhoto: Seite 126o.; picture alliance/Perenyi: Seite 43o.;picture alliance/Photoshot: Seite 135u.; picture alliance/PIXSELL: Seite 125o.; picture alliance/Pressefoto Baumann: Seite 112, 143 u., 147 o.; picture alliance/Pressefoto Ulmer: Seite 111 M.; picture alliance/Pressefoto Ulmer/Alberto Lingria: Seite 88/89 u.; picture alliance/Pressefoto Ulmer/Bjoern Hake: Seite 144 o.; picture alliance/Pressefoto Ulmer/Claus Cremer: Seite 15 l., picture alliance/Pressefoto Ulmer/Florian Eisele: Seite 147 u.; picture alliance/Pressefoto Ulmer/Lukas Coch: Seite 64; picture alliance/Pressefoto Ulmer/Markus Ulmer: Seite 28 u., 29 o.; picture alliance/REUTERS: Seite 19 u.; picture alliance/Rzepka-Pressefoto: Seite 111 o., 113 l.; picture alliance/Sven Simon: Seite 16, 32, 60, 61 u., 63 o., 65, 68/69, 108 u., 113 r., 124o.; 129, 146 o., 149 u. S., 145 u., 150, 153 u.; picture alliance/Wolfgang Weihs: Seite 141 S., 152 M.; picture alliance/ZUMA Press: Seite 77 S., 83, 156 u. S.; picture alliance/ZUMAPRESS.com: Seite 126u.; saschi79/fotolia: Seite 22; scarlett/fotolia: Seite 51 u.; Smileus/fotolia: Seite 5, 8/9, 62 (Ball); Spencer/fotolia: Seite 8/9 H.; termis 1983/fotolia: Seite 51 o.; tolotola/fotolia: Seite 56 u.; VRD/fotolia: Seite 99 (Weltkugel); white/fotolia: Seite 84, 111 u.; Zerbor/fotolia: Seite 57, 62 (Karte)